不運より脱出する

運命の法則

あなたは必ず幸せになれる

中川昌蔵

はじめに

この本は宗教や占いの本ではありません。

すべての人は幸せになることを求めております。

幸福は何もしないで待っていても偶然に舞い込んでくるものではありません。

運命は「因果の法則」によって創られます。原因があって結果が生まれる科学的現象です。科学的とは、理論通り行えば誰がやっても同じ結果が得られるということです。

わかり易く説明すると、原因となる運命の「種子《たね》」を四次元世界に播くと、その種子《たね》が「運命の法則」によって成育して、何年か後に三次元世界に幸・不幸となって現象化されることです。

運命の種子《たね》には、幸せが生まれる種子と不幸を作る種子があります。幸せの種子も不幸の種子もあなた自身が作り、あなたが播き、結果を手にするのも、あなた自身です。

運命の法則を知らない人は不用意に不幸の種子を作り、無意識に播き散らしております。何年かして、その種子は大きな不幸に成長して、自身が不幸不運に泣くことになります。

幸福になるには幸福の種子を作らねばなりません。

幸せの種子はどうして作るのか。

どんなときに不幸の種子を作ってしまうのか。

幸せの種子は、いつ、どこに、どうして播けばよいのか。

幸せの種子から育った幸運は、いつ収穫できるのか。

運命の法則とそのメカニズムを知れば、あなたは自分の運命をある程度コントロールできます。

運命の法則には原理、原則があります。これを知識と情報としてよく知っておく必要があります。

原則の第一は「大自然の法則（ルール）」です。このルールは、天地創造主が地球上に「生命体」を創られて、その生命が永遠に生き続けるための法則です。このルールが運命の原点となります。

次に、人間の主体は魂であるということです。大脳や肉体ではありません。魂は霊性という特殊能力を持っておりますが、多くの人はその能力が眠ったままで、活用しておりません。

運命の種子《たね》を作るのは人間の「念力《ねんりき》」です。「念ずれば花開く」と言われております。運命には幸福と不幸があります。これを決定するのが本人の精神《こころ》の波動です。高い波動は幸福を作り、低い波動のとき不幸となります。波動の高い、低いは本人の心と意識によって作られます。

運命の理論、法則、行動を整理、分類、簡素化したのが〈序章〉の「運命の十則」です。これで運命の全体像がわかるようにしました。第一章以後は十則を詳しく説明したものです。

幸福を得るには、全章をよく読んでから実行して下さい。よく読み、本気で実行すれば、あなたは「不調から脱出」して必ず幸せになるでしょう。

二〇〇〇年一月二十日

中川昌蔵

不運から脱出する運命の法則●目次

序章　運命の十則

この章は、第一章以後の本文の内容を簡略化しダイジェストしたものです。

「運命の十則」を頭に入れてから本文をお読み下さい。

1. まず運命の台本（シナリオ）を作る

人間の一生は劇場の舞台で演じられるお芝居です。主役はあなた自身です。

演劇には台本が要ります。台本は、あなたの運命の設計図です。この台本は、あなたが書き、あなたが主役で登場します。

台本の無い人生は、落葉が風に吹き散らされるように目的もなく毎日を送るだけの運命に終わります。台本に書かれた目的と、毎日の意識と想《おも》いと行動から「運命のソフト」が作られます。台本は何度も修正することが出来ますが、台本によって作られたソフトは変更できません。完成したソフトによって、あなたの運命は自動的に作られます。

良い内容のソフトから幸運が生まれ、悪いソフトから不幸が発生します。

良いソフトを作るには、大自然の「共生」と「絶対愛」を基本とした台本を書くことです。エゴ、欲ボケの台本から悪いソフトが作られて、不運に泣くことになります。

2. 人間の主体は魂です

人間の主体は魂です。肉体や大脳ではありません。肉体は魂を格納して運搬する車であり、大脳は魂と肉体を結ぶコンピューターです。

魂の能力を霊性といいます。魂は何十回も四次元世界と三次元世界を転生輪廻《てんしょうりんね》して学習しておりますので、豊富な体験とデータを持っております。地上へ生まれるとき過去のデータはいったん封鎖されますが、本質的には誰でも特殊能力を秘めております。

般若心経では「摩訶般若《マーハーパーニア》」（偉大な英知）といっておりますが、多くの人々の英知は眠ったままになっております。

肉体には生存本能があります。物欲、金欲、食欲、情欲、名誉欲が自動的に発生します。肉体から出る欲望は大脳がコントロールしていますが、我欲が強すぎると大脳が負けて、その奴隷となることがあります。そのとき、エゴ、悩み、苦しみ、不安などの心が生まれて不幸な運命を作ります。

魂は三次元のあなたの肉体を借りて、学習と修行するために霊界から来ております。

魂が学習すると、肉体と精神《こころ》の波動が上昇して幸運が作られます。

魂の存在を信じて、魂と精神《こころ》と肉体の調和した生活をするよう努めましょう。

3. 運命の原点は大自然の法則

宇宙自然界には天地創造主によって作られた大自然の法則（ルール）があります。

自然界では一人の力で生きているものはありません。すべて自己以外の力で生かされて生きております。生命が発生して何億年もの間に、法則に順応したものは生き残り、反したものは淘汰され消滅しました。

人間の運命にも強烈に影響しているのが、自然の法則の「調和」「共生」「絶対愛」のルールです。

釈迦は天地《あめつち》の恵《めぐ》みと調和によって、すべての生命が生かされて生きていることを「慈悲《じひ》」として仏教を起こし、キリストは絶対愛の精神《こころ》からキリスト教を創りました。

この法則が人間の運命の原点であり、あなたの開運の出発点です。

4. 波動がすべての現象を創る

宇宙は、原子核で作られた物質の三次元世界と、波動とエネルギーの四次元世界が、表裏一体となって構成されております。そして、三次元も四次元もすべて波動によって作られています。一見異なるように思われる「物質」と「エネルギー」は波動が異なるだけで本質は同じものです。

仏教の「般若心経」では物質世界を「色《しき》」、エネルギーの世界を「空《くう》」といい、「空即是《くうそくぜ》色《しき》」「色即是空《しきそくぜくう》」といっております。また近代科学ではアインシュタインの「相対性理論」E＝MC²（E＝エネルギー、M＝物質、C＝光の速度）の物理公式で、物質がエネルギーに、またエネルギーが物質に変化することを証明しております。

人間の肉体（物質）と精神《こころ》（エネルギー）のどちらも波動で作られています。肉体の波動が低下したとき病気となり、精神《こころ》の波動が高いとき幸福が現れ、波動が低いとき不幸な状態となります。

5．未来を創《つく》る想《おも》いとイメージ

同じことを強く想《おも》ったとき「念《ねん》」というエネルギーが発生します。念《ねん》のエネルギーは潜在意識に固定化して、運命のソフトを作ります。ソフトは幸運を作るソフトと不幸が現れるソフトがあります。どちらも、自身が作ったものです。

明朗、親切、愛情、感謝、謙虚な想《おも》いとイメージから幸福のソフトが作られ、怒り、憎しみ、怨み、不満、心配性な心のイメージは不幸不運のソフトを作ります。一度ソフトが完成すると、あとは自動的に幸、不幸が次々と出現します。

不幸が続いて精神《こころ》の波動が低下すると、幽界の浮浪霊や地獄霊と同調して二重人格症などの精神病になることがあります。

6. 運命はタイムリーに動く

地球は自転して昼夜を作り、公転して春夏秋冬の四季を作っております。

植物は春に芽生え、春・夏に花が咲き、秋に結実し、次の春に発芽して種《しゅ》の生命を永遠に伝えております。動物も秋に恋愛し、冬に妊娠し、春に出産、夏に子育てして秋に巣立ちさせます。

自然界の生命は、すべて自然の周期と正しく同調して生きております。順調な運命とは自然と調和することです。

人間は生年月日によって固有のリズムとハーモニーを持ち、太陽、地球、月、木星の周期と同調しております。リズムを知らずに勝手な行動をすると、嵐の天気予報を無視して登山したり海釣りに出かけるように危険な目に遭うことになります。

タイムリーとは、行動する「時期」と「方角」が関連して影響します。

あなたの運命のタイミングは後述の「運命のリズム表」を参考にして下さい。

7. 足《た》るを知る

人間の肉体は生きるため「生存本能」を持っております。生存本能とは「食欲」と「情欲」です。食欲、情欲と共に物欲、金欲も発生します。これらの欲望を適度にコントロールするのが知性と理性です。欲望が大きくなりすぎ、足《た》ることを忘れて貪《むさぼ》る心になったとき、苦しみや悩みが発生します。

アフリカの草原で、食欲を満たされたライオンはシマウマが目前に来ても襲いません。自然界の動物は、足《た》ることを知っております。

エゴの心、物欲、金欲の欲ボケの心が運命を大きくそこないます。

8. 人間関係

人は一人で生きられません。グループを作って生活しております。心の波動の同じ人々が自然に集まり、グループができます。

心の波動の高いグループは協力し合い、助け合い、分かち合うグループを作り、波動の低い人は、争い、奪い合い、足の引っ張り合い、憎しみの世界を作っております。前者から幸せ、安らぎ、平和が生まれ、後者から苦しみ、悩み、不運が作られます。

経済社会の豊かさとは、お金があなたの所へ集まってくることです。お金は政府以外の人が製造することが出来ません。他人がお金を持って来てくれるのを待つより方法がありません。人間関係が良いとお金が集まり、人間関係が悪い所へお金を持って来る人はおりません。

良い人間関係は親切、明朗、感謝、謙虚な心を持った人々によって作られます。

9. 守護霊はあなたの最大の協力者

人間は一寸先が闇《やみ》です。未来は全然見えません。神は守護霊という水先《みずさき》案内を、あなたが生まれたときから死ぬまで無償で派遣して、あなたを守っています。

守護霊は四次元世界に住んでおりますので未来を見る能力があり、また神との接点の役目をしております。正しい神への祈りは守護霊を通さないと伝わりません。新興宗教などへの祈りは、多くが地獄霊やインチキ邪教に騙されて不幸を呼ぶことになります。

守護霊の存在を信じたときから、守護霊は活動します。守護霊を信頼し感謝して二人三脚で生活すれば幸運に恵まれます。

10. あなたを不幸にする宗教がある

現在の日本の宗教は、正しい神、偽《にせ》の神、地獄霊、神の名を騙《かた》る詐欺師が入り乱れております。正しい神の宗教は少なく、多くの信者は騙されて偽《にせ》の神や地獄霊を祭っています。不幸を招いても幸せになることはないでしょう。おかげがあるという宗教は、インチキ宗教が多いようです。真の神は、お賽銭と引き換えに福運を授けることはしません。

祈りとは、願いごとを強く念《おも》うと心の波動に乗って四次元世界の同じ波動の所に伝わります。エゴや欲ボケの祈りは地獄霊と同調して不幸が増幅されます。

神に祈る時は心を清浄にして守護霊と共に祈ると安全です。

偽《にせ》の神や地獄霊の宗教は、あなたの運命を根本的に破壊します。

三千年前に神はモーゼに十戒を授けて注意しておられます。

汝ヤーべ以外の神を拝むなかれ。

汝偶像を作って祭るなかれ。

汝みだりに神の名を呼ぶなかれ。

第1章　大自然の法則が運命の原点

1. 宇宙創成

宇宙はいつ、どうしてできたのか？　広さは有限か無限か？　多くの科学者が追求した謎でした。現在は科学的にも宗教的にも、すでに定説があります。

宇宙は偶然にできたものでなく、宇宙意識といわれる偉大な叡知によって計画的に創られたようです。

一九六五年、理論物理学者スティーブン・ホーキング博士は宇宙創成について次のように学説を発表されました。

「宇宙の一部に無限大の質量と超高温度を持った特異点と呼ばれる点があった。約一五〇億年前にこの特異点が爆発を起こした。爆発は偶発的な無秩序のものでなく、高度のソフトとプログラムを持った宇宙意識によって精密な計算と設計によって実行された。爆発によって光子、電子、ニュートリノ、陽子、中性子がうまれ、陽子、中性子、電子から水素、ヘリウム、リチウムなどの単純な構造の原子が作られた。これから約五〇億年かかって現在の九六種（自然界のもの）の原子ができあがった。原子の組み合わせで分子が作られ、それから約一〇〇億年後に恒星、惑星など物質宇宙が完成した。これが宇宙創成の歴史である。」

なぜ特異点が爆発したのかという質問にホーキング博士は「神のみ知り給う」と答え、また現在の宇宙と星団について「神が与え給うたもの」と言っておられます。

宇宙物理学の世界的権威の桜井邦明博士は「宇宙には意志がある」と著書に書かれております。また、ノーベル賞の物理学者、湯川博士は次のように言っています。「科学を追究してゆくと、宇宙の最始源には神と名付ける外に理解できない何かがあることを認めざるを得ない。」

ニュートンやアインシュタインも同様に宇宙を支配する偉大な英知の存在を信じていたようです。現代の科学者は宇宙を創造した偉大な意識を「サムシング　グレート」と言っております。

聖書や経典には深遠な真理が書かれております。旧約聖書、第一章第一節には「エロヒムは天と地を創った。」と書かれております。また聖書の有名な文言に、

はじめに言葉ありき
言葉は神と共にあり
言葉は神なりき

とあります。この言葉は人間の話す言葉でなく、偉大な宇宙意識（意志）と理解すればよいでしょう。宇宙意識は、俗にいう宗教の神ではありません。大自然が万生万物をつくり、完璧ともいえる法則と摂理で森羅万象を支配している宇宙の大意識とエネルギーのことをいいます。聖書では「エロヒム」といい、一般的には天地創造主とお呼びしております。別名ヤーベ、エホバとも言われ、この方が神の始源です。

2. 生命の起源

宇宙創成を完成した創造主は、一部の惑星の上に生命を創作されました。

動物、植物を問わず、すべての生命体の基本構造が細胞と遺伝子で構成されて同一の機能を持っている事実から、生命の企画、設計、創造は同一の意識（天地創造主）によって作られたと思われます。生命の誕生は偶然に自然発生し進化したものでないようです。

創造主は生命体が永遠に生き続けることが出来るようシステムとルールを作られました。動物は空気中の酸素を吸って生き、廃棄物として炭酸ガスを放出します。植物は動物が捨てた炭酸ガスを原料として、太陽の熱、光と水を利用して自己を増殖させて動物に食糧を与え、更に酸素を出して動物を生かしております。一〇〇％完全無欠のリサイクルをして、有限の物質を無限に使用し、しかも廃棄物ゼロの世界を創っております。

このように動物と植物は相互に補い合い、奉仕し合って他を生かして自己も生きております。地球上のすべての生命体は相互に関連し、相互に助けあって生きております。自己の力のみで単独で生きることは出来ません。このシステムを大自然の法則（ルール）といいます。このルールは人間のつくった諸々のルールをはるかに超えた厳格で強烈なものであり、宇宙空間の森羅万象すべてを支配しております。これに順応したもののみが生命を存続し、違反したものは淘汰という形で滅亡させられました。　そして大自然の法則は、見える三次元の物質世界と見えない四次元の精神とエネルギーの世界を一貫して、共通に支配しております。

人間の文明に汚染されない地域の野生の動物は自然と一体となり自然に順応して生きております。それ故に病気、苦しみ、悩み、ノイローゼなどは無いそうです。病気と苦しみ悩みは自然に反した人間独特のものと言われています。人間は先ず謙虚に自然に戻るべきでしょう。

3. 人間誕生

人間は神が作った最高の傑作といわれております。人間は猿類から進化したものでなく、神は最初から完成された人間を創られました。聖書によると、「神は己の姿に似せて人形を作り神の意識を吹き込んで人間を創られた。」と記されています。

人間以外の動物はそれぞれ本能という同一のソフトによって同一の性能を持ち、共通の動作、行動をするように設計されておりますが、人間は意識が無限に向上するソフトを与えられて優れた知性を持ち、過去、現在、未来を一貫して思考することができます。また知性、理性、言語、文字、数字を駆使して広く情報を展開、交換して文化と文明を創造します。また神が人間のみに与えた理性と良心により反省、懺悔、改悛、瞑想などを繰り返して精神を無限に向上させることができます。また正義、義務、責任、博愛、礼儀、躾《しつけ》など高度な精神も持たせました。神はなぜ、このような優れた性能を持った人間を作られたのでしょうか？

神は最初、男女一対の人間を作られ、アダムとイブと命名されました。そして両名は神の代理者として、神が作られたすべての生命体を守り、秩序を維持する管理者に命じられました。神は「生めよ、ふえよ、地に満てよ、法に従わせよ。そして空飛ぶ鳥、地を駆ける獣、水を泳ぐ魚、すべての生命《いのち》を治めよ。見はるかす実のなる草（穀物）、樹になる果実、これを汝に与えん。糧《かて》とせよ」といわれました。多くの子孫を作り、その子等に大自然のルールに従って地上の生命体の管理者になることを命じられました。人間は目的なく偶然に生まれて来たものではないようです。

神は自然の法則を人間に教えるため多くの聖者を地上に派遣されました。モーゼ、アモン（阿弥陀仏《あみだぶつ》）、孔子、釈迦、キリスト、空海、高橋信次などの宗教家や、哲学者や自然科学者のソクラテス、ピタゴラス、ガリレオ、ミケランジェロ、パスカル、ニュートン、アインシュタインなどが自然の法則の科学性（これを神智学という）を人間に教えるために地上に遣わされた方々です。

大自然の法則を基本として自然界に於ける人間の生きざまを大衆に教えたのが宗教の始まりです。宗教の字源は、宇宙を示す教えということです。しかし長い間に真の宗教は亡び、現在は他力本願を餌にして金品を集める宗教産業となりました。

4．調和の法則

調和とは活性化したバランスであり、宇宙の基本の姿です。調和は器の中の水のように、静まり、安定していることではありません。相反する性質や機能を持った異質のものが一体不離となって、相互に補い合い、反応し合って、新しい物質や性質をつくりだして、秩序とバランスを保っているのが自然の調和の姿です。

太陽系の太陽と各惑星が整然と運行しているのは、太陽の求心力と各惑星の遠心力が完全に均衡しているからです。極微の世界の原子はプラスの原子核とマイナス電気の電子が均衡した姿です。動物、植物の体細胞は酸とアルカリ、ナトリウムとカリウムの適度なバランスによって化学反応が行われて、生命を維持しております。動物と植物に不可欠の水（H_2O）は燃えやすい水素（H）と何物をも燃やす酸素（O）の激しくて不安定な原子が結合して反対性質の火を消す安定した水となります。調和とは、異質のものが相互にバランスをとったとき極めて安定した形となります。調和したときの姿を中道といいます。神を拝むとき、合掌します。これは身体の中で一番左右に離れている両の手を真ん中で合わせて中道の心になることを神に示したものです。祈りとは、神の中道の心に近づくことです。

宇宙は、すべての異質のものが相互に調和しなければ生きられないことを教えています。次は、その一例です。

電気のプラスとマイナス、磁石のNとS、陰と陽、動物と植物、酸素と炭酸ガス、酸とアルカリ、男と女、善の心と悪の心、資本家と労働者。

企業でも政治でも、賃上げして物価を下げる、減税して福祉を増やすなど、相反することを同時に求められます。

《性善説と性悪説》

人間の性は本来、善であるという孟子の性善説と、人は原罪を負って生まれてきたという荀子やキリスト教の性悪説があります。人間は自己を防衛する生存本能（悪）と種の保存という他を愛する本能（善）の心を兼ね備えています。神は善と悪の心をコントロールするために、人間に理性と良心を与えました。理性は大脳でコントロールしておりますが、良心は神の分魂《わけみたま》であり、人間は支配できません。人は他人に嘘をつくことができても、自己の良心を騙すことはできません。

《男女は異質》

男女同一労働、同一賃金の完全実施の声が各国で問題となっております。

男性と女性は肉体構造が異なり、大脳のメカニズムやその働きに、それぞれ特徴を持っています。女性は生命を未来に伝える種の保存の使命を持っています。それ故に純粋、純潔を尊び、過去と現在を大切にします。思考は狭いが奥深く、記憶力に優れ、感情や知性が精緻です。男性は女性より記憶力に劣るかわりに創造力が優れ、大局的に広く、大きくものを見る能力があり、過去にとらわれず、未来を志向して進歩向上性に富んでおります。

このように、男女は肉体的にも、感情面や思考面も異なっております。相互の長所も見ようによっては短所、欠点となります。男女が一体となって調和し、各自の短所を補い合い、長所を合わせたとき、大きな能力と幸せが生まれてくるものです。男女は平等であり、同権でありますが、同質でないことを心得て、協力し合うことが幸せな家庭をつくる道です。

《企業と調和》

会社の社訓や社是には「和」というのが多いようです。和と調和は同じではありません。和には、波風立たず、静かに安定しているという意味があるものの、活気がありません。調和は常に労使相互が反応し合い、融合して活性化しつつ、たえずゆれ動きながら、常に進歩、向上することです。

企業経営に一番必要なものは調和です。経営とは人、金、物、時間、エネルギーを調和して、社会価値を創造するシステムです。また会社は資産と負債のバランスの上に運営されています。経営成果を示す決算書をバランスシートといいます。バランスがくずれると会社は赤字となり、甚だしくバランスを失うと倒産します。

《政治と調和》

調和した政治を中道政治といいます。真の中道とは、中道を標榜する政党のみで政権を担当することではありません。左右両極を含めて、異なる思想と主義のそれぞれの党が相互に認め合い、譲り合い、補い合い、長所を合わせて新しい道をつくり出して政治することが、真の中道政治です。

調和することを知らず、古い教条主義に縛られて反対と闘争のみで行動する指導者はやがて消え去るでしょう。

異なる意見の者を追放したり、粛清と称して他を抹殺する一部の共産国には、調和も平和もありません。昨日の同志は今日の敵となり、終わりのない闘争があるのみです。

5. 共生の法則

《一人では生きられない》

風や昆虫の力を借りて結実する花や樹……。生命は自分自身だけでは完結できないようです。口や歯が胃のために働き、胃は腸のために働く。心臓、肺、腎臓など、人間の身体のすべての部分は、他のために働きながら全身を生かし、自己も生きています。自然は、相互に生かし合い、協力し合わなければ独力で生きることができないことを教えています。これが共生の法則です。地球上の生命はこの法則から離れては生存できません。

動物は空気中の酸素を吸って生き、廃棄物として炭酸ガスを出しています。植物は動物のつくった炭酸ガスを利用し、太陽の光、熱、水を使って光合成をして、動物の食糧をつくり、さらに、酸素を放出して動物を生かしています。動物と植物は相互に奉仕し合い、補い合って共生し、共栄しています。

私たちの尊い生命は誰によってつくられ、誰が、どのような手段と方法によって維持しているのか、あなたは考えたことがありますか？

自己の生命を支えているのは自分だ、と思う方がありましたら、大変な誤りです。

あなたの肉体は誰のものですか。

この質問に対して、ほとんどの人は私の肉体は私のものですと答えられます。自分のものと云えるのは自分が完全に保有し完全に管理しコントロール出来ることです。しかしあなたの心臓や肺はあなたが自由にコントロール出来るでしょうか。心臓だけでなく胃も腸も肝臓、膵臓、腎臓すべての重要な臓器はあなたが保有していても自由にコントロールできません。これでは自分のものと言えるでしょうか。或る人は心臓や肺は自律神経というコンピューターによって自動的に管理運営されていると言います。ではコンピューターのソフトとプログラムは誰が作ったのでしょうか。

地球上、北極圏の零下五〇度の厳寒の地や赤道下の酷暑の地に多くの人が住んでおります。外部条件が甚だしく異なるのに、すべての人の心臓の鼓動数や肺の呼吸数が同じであるのは各自の自律神経が勝手に働いているのでなく基本のプログラムは宇宙で誰か一人の方が作られたとしか考えられません。これでも自分の肉体は自分のものと言えるでしょうか。

あなたの生命は誰のものですか。

私達は自分の生命を全然自己でコントロール出来ません。自己以外の所で完全に管理されているようです。あなたの生命があなたのものでないことは事実です。

私たち人間が一番知らないのが自分自身です。肉体の重要部分や生命まで自己以外の所にお世話なり管理されていることを知らず自分の力で独力で生きていると思っています。

動植物の共存共栄

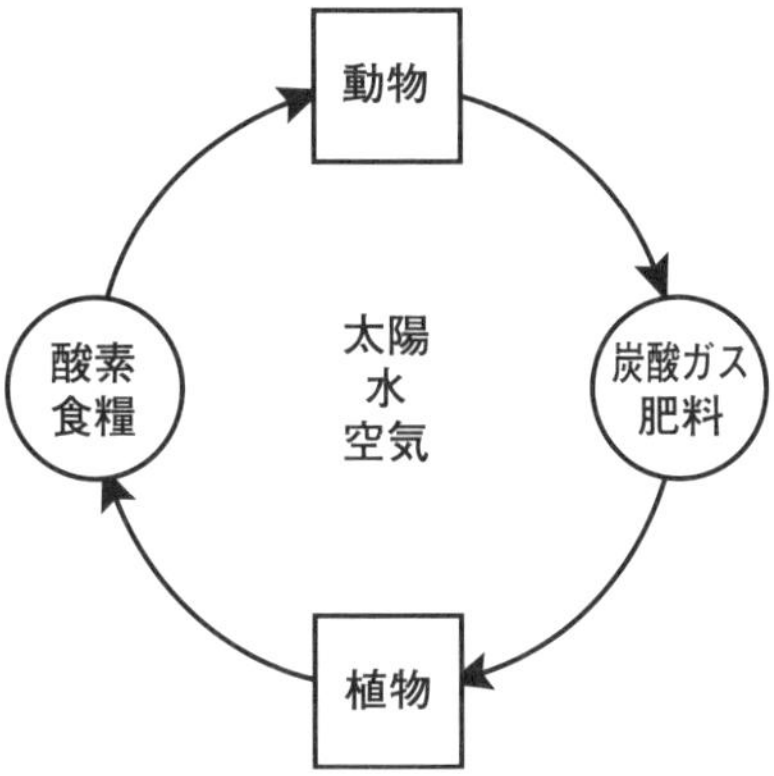

大変な錯覚です。無知とも言えるでしょう。

人間を始め動物、植物すべての生命を管理しコントロールしているのが宇宙の偉大な英知と大意識によって創造された完璧なソフト、プログラムと太陽のエネルギーです。これを大自然の法則といいます。宗教では天地創造主といっております。人間をはじめすべての生命はこの法則のお世話になり生かされて生きております。このように私達は自己以外の力によって生かされていることをはっきり認識しなければなりません。

すべての生命は無目的に生かされているのではありません。自然の法則はすべての生命が単独で勝手気ままに生きることを許しません。相互に調和し合い、奉仕し合わねば生きることが出来ないシステムが作られています。自分は誰の世話にもなっていないとか、自分さえ、よければよいと思うのは根本的に誤りであることに気付くべきです。

《個と全体》

人間は大自然の中の一細胞にすぎません。

地球上の動物、植物、昆虫、アメーバー、バクテリアにいたるまで、すべての生命は大自然の法則によって相互に関連性を持って協力し、共存しております。調和、共生を拒むものは神によって淘汰され、滅亡します。自然界は一細胞が単独で勝手気ままに行動することを許しません。

天地創造の神は人間をつくるとき、調和と共生の実物見本を人間の中につくって教えています。

人間の肉体は、四〇兆個の細胞群によって構成されています。個々の細胞は独立した生命体であります。そして、遺伝子という全身の設計図を持ち、それを正しく読み取って、自己の力で分裂増殖しています。そして個の細胞は自己主張せず、勝手な行動をとらず、骨、筋肉、血管、皮膚、内臓など、それぞれの使命と目的を自覚して個と全体が一定の方向と目的を持ちつつ、各自が奉仕し合い、協力し合って、正しく調和、共生し、全体とともに自己も生きております。

肉体が外傷を受けたり、外敵（ウイルス、バクテリア）が侵入したとき、全身が強固な防衛態勢をつくって、総力を結集してバクテリアを撃滅して全身を守ります。しかし信頼で結ばれていた自己細胞の一部が調和することを止めて、自己が勝手に増殖することがあります。これを癌といいます。本来、肉体は強い自癒《じゆ》能力を持っていますが、信頼と調和を失った肉体組織は、内部の反乱に対して、全く抵抗力がありません。そして、癌は転移という反乱同調者をつくり、個は一時は繁殖しますが、全体が衰え、個も全体も死滅します。神は実例を示して、信頼、調和、共生の大切さを教えておられます。

日本は医療が進歩、充実しているのに、癌だけは年々増加して成人病死亡のトップとなっています。これは、自己本位で調和と共生の心を失った人間に対する神の警告かもしれません。

《権利は共存》

戦後は一貫して、自己の権利を求めることのみ教えました。協力すること、奉仕することと、与えることは全く教えませんでした。これが現在、心の荒廃と社会混乱の大きな原因となっております。他人の人権を尊重することによって、自己の人権が守られ、他の権利を認めることによって、自己の権利も保護されます。自己の権利と人権のみ主張して、他人の権利を無視するものは、すべてを失うでしょう。与えるものには、充実感、生きがいがうまれ、求めることしか知らない者は飽くことを知らず、遂には不平不満、失望の世界へ転落していきます。宇宙は自然によって調和しています。人間社会は人間のつくった法とルールによって秩序が保たれています。

国の憲法、法律、会社の就業規則、人間関係のエチケット、モラル、競技の諸ルールなどはすべて共生の法則の一種です。民主主義の自由も、これらの法則やルールを超えることはできません。

《企業経営は共生のシステム》

企業は経営者や労働者のためにあるのではありません。金儲けが目的だと考える企業に繁栄はないでしょう。消費者、働く人、取引業者、企業経営に関係するすべてを共生させることが経営の基本です。

阪急グループ創立者である小林一三氏は次のように言っておられます。

「すべての事業というものは、自他ともに利益することによって、繁盛する。むしろ需要家の利益を尊重して計画するほうが、かえって利益が多い」

6．絶対愛

《生かされて生きる生命《いのち》》

絶対愛とは大自然（神）の愛であります。地球上の万生はこの愛によって生かされています。自分の力で生きているのではありません。生かされて、生きているのです。太陽のエネルギーは愛の源泉です。莫大な熱、光を無償で平等に与えています。そして、すべての生命を創造し、生かし続けています。これは偉大な絶対愛の力であります。キリストが説いた「愛」のルーツであります。

すべての生命は大地より生まれ、大自然の絶対愛によって育まれています。このように、すべての生命は本質的に同根同族であります。

生命の尊厳性は絶対愛の変化《へんげ》したものです。私たちは自他一如の生命本来の価値を認識して、すべての生命の尊厳性をも尊重しなければなりません。

大自然の絶対愛によってつくられた、光、熱、空気、水、大地の恵《めぐみ》によって、私たちの生命は維持されています。素直な心で感謝しなければなりません。

私は愛されたことがない、という人があります。しかし今自分が生きていることが、愛されている証《あかし》です。自分が愛されていることに気付かないだけです。

人間の愛には「与える愛」と「求める愛」があります。愛はいくら与えてもなくなることはありません。しかし求める愛はほどほどにしないと、愛を失うことになります。

愛の心が行動すると、思いやり、いたわり、気くばり、許し、認めるなどの行為となり、人間相互の信頼をつくる礎になります。真の愛情とは自己のためでなく、他の幸せを願う心であり、また、他の幸せを祝福する心です。

《男女の愛》

人間相互の愛は絶対愛と男女の情愛が混同されますが、本質的に同一ではありません。

親子、肉親の愛、真の友情、他の幸せを願う心、ボランティア精神、困っている人を助ける行為などは絶対愛に類する愛です。しかし、男女の愛は複雑です。愛と憎しみが表裏一体に働いて、不安定です。支えているのは愛でなく独占欲です。相手の心が変わると、愛は、怒り、嫉妬、憎しみ、恨み、悲しみに変化します。

《商売は愛の作業》

ダスキンの創始者、鈴木清一氏は「商売とは愛の作業である」と言われました。誠に名言であります。

繁栄する会社はお客様を愛し、取引先を愛し、社員を愛し、会社を愛し、商品を愛することのできる会社です。

7. 循環の法則

自然界では、役目を果たして消え去ってしまうものはありません。姿、形、性質、作用を変化させつつ循環していますが、基本の物質の原子が消滅することはありません。これを物理の質量不変の法則といいます。また、エネルギー不滅の法則があり、エネルギーもなくなることはありません。般若心経では「不生不滅」「不増不滅」といっています。

大自然の循環

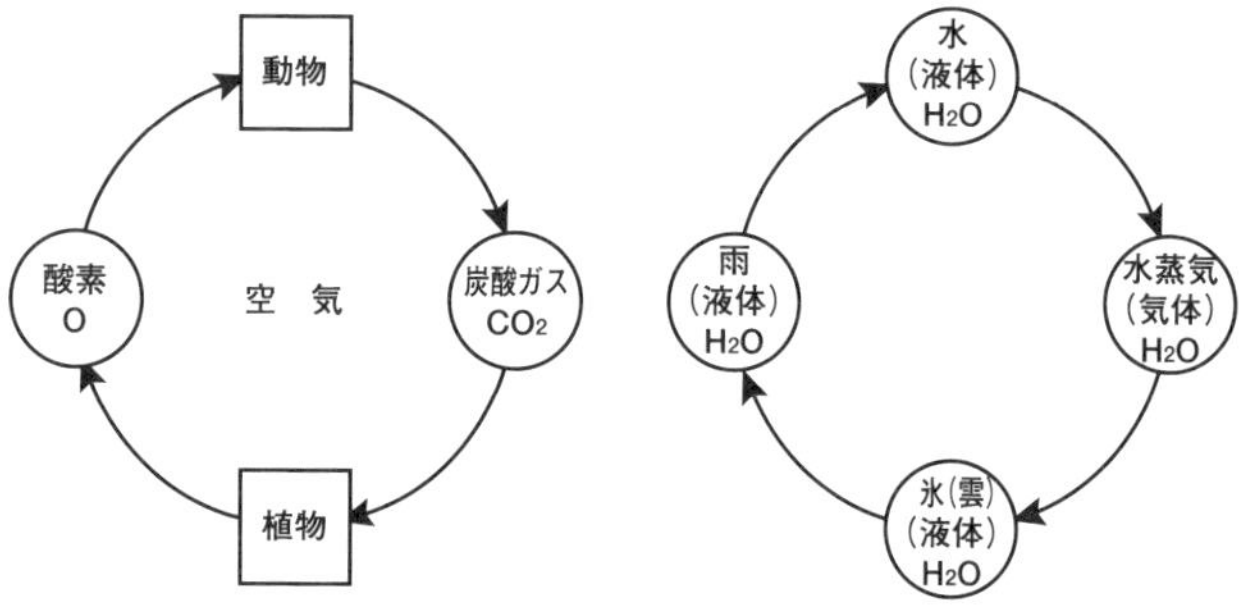

自然は循環という動作で、万生を生かしています。

動物と植物は炭酸ガスと酸素をつくり、相手に与えて有限の空気を循環させることによって、無限に活用しています。

地上や海の水は水蒸気となって大空へ上り、雲となって風の力で陸地の奥深く運ばれ、雨となって地上へ降り、川となって海へ帰ります。この循環によって、動物、植物などすべてのものを生かしています。

海中や水中では、バクテリアがプランクトンを育て、プランクトンを餌として、小魚が成長し、小魚は大中魚の食糧となりま

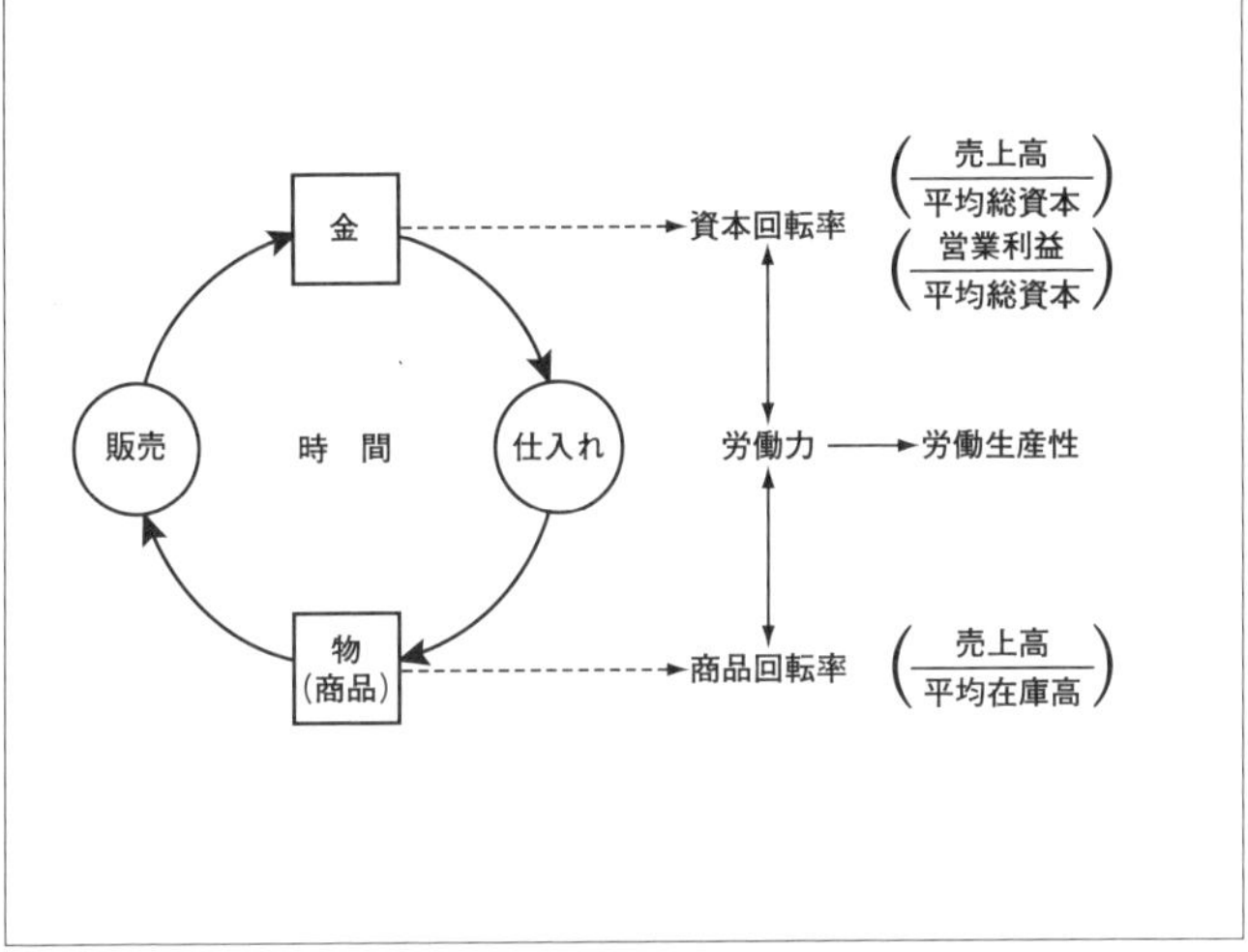

経営の循環

す。大魚は死して分解し、バクテリアの養分となります。これが食物連鎖と称する厳粛な生命の循環です。

私たちの肉体は、大地のミネラルと大地から生まれた植物によってつくられています。米、麦、野菜や草食動物の牛などは大地から生まれたものです。すべての動物は死ぬと土にかえり、肥料となって植物を養います。一切のものは大地より発して大地へかえります。これにより、万物は同根であります。

「汝塵《ちり》なれば塵にかえれ」　キリスト

《企業の生産性》

企業経営とは金と物を循環させるシステムであります。生産性の根本は循環の速度です。循環の速いことを生産性が高いといいます。企業の利益は、循環の速度に正比例します。

8. 進化の法則

銀河系宇宙に見られるように、すべての恒星と惑星群は生成、進化、消滅を繰り返しています。惑星上の人間をはじめ、万生万物は惑星の進化の過程とともに、進化、向上の道を進みます。

人間は偶然に、また、無目的にこの地上へ生まれてきたのではありません。すべての人は使命と目的を持って生まれてきました。人間は自己の魂の学習をして、人格を向上させ、地上の動物、植物と調和しつつ、地上に平和な楽園を建設することが使命であります。それ故に私たちは人生の学習をして、自己の人間性を向上させなければなりません。日常生活すべてが自習自得であり、自己以外すべて師であります。進化向上するには、苦難と努力、汗と涙の体験を積まなければなりません。学びに終わりはありません。学び続けることが人生です。

人間の知能、教養、精神は無限に進化、向上します。学習と反省を繰り返すことによって、より高い人間完成の道を開きます。神は苦労、悲しみ、困難、痛みを用意され、それらを体験して、初めて進歩向上が得られます。

地上すべての生物は絶対愛によって生かされています。しかし自分自身でも精一杯生きる努力をしています。極寒の地や灼熱の砂漠など悪条件の地に住む動物、植物が与えられた環境がたとえどんなに苦しくても苦情を言わず、努力を重ねて生き、環境に順応して自己を進化させています。自然は時に大旱魃、大洪水、暴風雨、地震、大雪などの試練を課しています。この試練に耐える力を失ったとき、その生物は亡びます。

《あなたは何のために働くのか》

「人はパンのみに生きるにあらず」とキリストは申されました。サラリーを得るためにのみ働くと考える人を労働者といいます。このような労働は強制されて働くと思い、おもしろくなく、やりたくなく、休みたく、疲労するのみで、自己成長の学習になりません。

自己の意志で働き、自己を成長させ、仕事の汗と努力の中に働きがいと生きがいを見つける人を勤労者といいます。

職場は賃金を求めるのみの場所ではありません。職場は人間形成と人間価値向上のための修行の道場であります。

「日に新たに、日々に新たに、また、日に新たなり」

人間の進化成長は、毎日のたゆまない精進の積み重ねによって得られます。

9. 因果律

宇宙空間、森羅万象に偶然はありません。すべて必然の姿です。因果とは原因があって結果が現れることです。物理の作用・反作用の法則がこれです。壁にボールを投げたときのように、強く投げれば強く返り、弱く投げると弱く返ります。よいボールを投げると正しく手元に返り、悪いボールは手元からそれてしまいます。このように、あなたの未来の運命は、あなた自身がつくるのであります。

因果の法則は見えない世界（四次元）と見える世界（三次元）にまたがって作用します。四次元の心の念波のエネルギーで原因がつくられ、見える世界に現れますので、原因に気付かないことが多いようです。これを、別名カルマの法則ともいいます。カルマとはサンスクリット語で「行為」という意味で「業《ごう》」と訳されています。

私たちは結果のみに目を奪われ、また、結果のみを追い求めて、原因を見失うことがあります。大切なことは、原因を見定めて、再び失敗を繰り返さないように、よき原因を作る努力をすることです。

《幸せの種子をまく》

朝顔の赤い花は、赤い花の種子からしか咲きません。私たちは毎日の行動の中で「幸せの種子」「愛の種子」をまいていますか？　知らず知らずのうちに「不幸の種子」「悪の種子」をまいて、不幸の原因をつくっていませんか？　幸せの種とは愛の心、感謝する心、おもいやりの心、人の幸せを願う心、明るい建設的な心を持つことです。悪の種子とは怒る心、憎む心、恨む心、悲しむ心、イライラ、不平不満、不安の心から発生します。幸せの種をまくことをせずに、よい結果を望んだり、神仏に祈願しても効果はありません。

魂の生命は死後も続きます。現世でまいた種子の一部は本人の生きている間に現象化しますが、死後の世界にも顕現して、自己が責任を取らされます。

誰でも幸福を求めております。早く幸せになる秘訣は他人の幸せを見つけて、自分のことのように喜んであげることです。キリストも人の幸福を祝福することを繰り返し教えています。人の幸せを嫉妬したり、憎んだりする人には幸福は訪れないでしょう。

「諸行無常　栄枯盛衰」は因果の法則を知らないで運命に翻弄される人びとの姿です。

《サイ科学》

因果の法則を因果応報思想の迷信と考える方がありましたら、失礼ですが、あなたの未来の運命は暗いかもしれません。レーダーを持たない船が暗夜に航海するようなものです。PK（人間の想念エネルギー）が四次元世界で、時間・空間を超えて働き、超常現象化する科学をサイ科学といいます。サイ科学の研究ではロシアのモスコー大学、アメリカのデューク大学、マサチューセッツ大学、米国防省などが有名です。

《想念は物質化する》

因果の法則を利用したのが宗教の祈りです。強く強く念ずることによって、心のエネルギーが昇華《しょうか》して、現実化するのです。そんなことは科学的でない、とおっしゃる方の科学は一九八〇年代までの科学知識です。ニュートンの万有引力までの科学と数学は、物質とエネルギーは別個のものとしてとらえてきましたが、一九〇六年、アインシュタインは相

心、エネルギー、物質の等価性

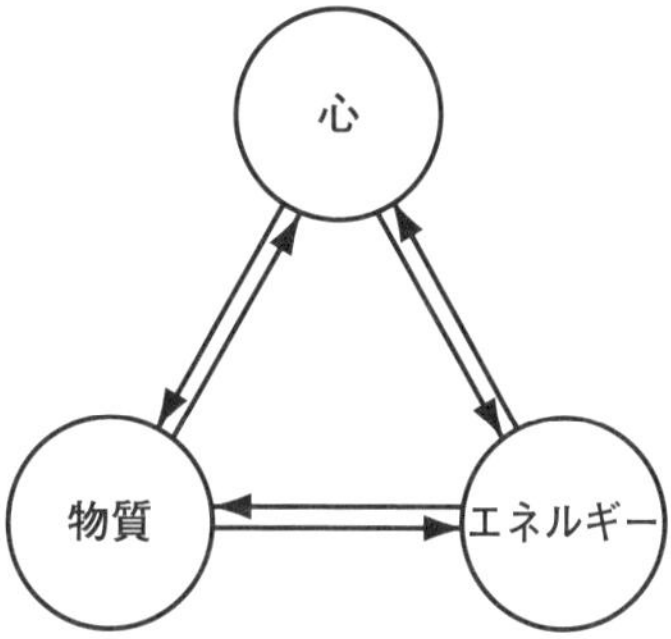

対性理論を完成して、有名な$E=MC^2$（Eはエネルギー、Mは質量、Cは光の速度）の公式を発表して、エネルギーが物質に転換することを科学的に証明しました。これをエネルギーと物質の等価性と申します。

祈りという想念エネルギーが、おかげというものに変化いたします。

このように祈りには、教会や神社、神様、仏様、教祖様の必要はありません。あなた自身で何回も続けて強く念ずれば必ず実現する超科学的現象です。それ故に、良いことを念ずれば良いことが起こり、悪いことを想えば悪いことが現象化します。私たちは常に建設的なことと、幸せなこと、明るいこと、楽しいこと、健康的なことを考えて想像する習慣をつけると、必ず幸福になります。反対に、イライラ、怒り、悲しみ、不幸、不満、他人の悪口を言う、人を怨む、嫉妬するなどは不幸を呼び、あなた自身だけでなく家族まで巻き込んで、一家全員が不幸となります。

《あなたの運命はあなた自身がつくる（因果の法則）》

宇宙空間に偶然はありません。すべて必然の結果です。因果とは原因があって結果が発生することです。「飲酒して車を運転し、事故をおこして怪我をする」三次元世界の因果は簡単明瞭です。

人間は三次元と四次元の重複した世界に住んでおります。運命と称する未来に発生する出来事は、念《おもい》のエネルギーが四次元世界でプログラム化され、長年月を経てから三次元世界に現象化して現れますので、原因と結果のつながりが判明しないことが多いようです。

想《おも》いのエネルギーが物質化する理論は、古くから宗教に利用されてきました。祈りとは、希望することを毎日毎日強く念じると希望が実現する、心の法則のシステムです。神様やお賽銭は関係ありません。「念ずれば花咲く」「叩けよ、さらば開かれん」など古くから言われております。

念《おもい》はエネルギーであり、電磁波と同じく発信、伝播、同調、共鳴、共振します。そしてレーダーのように目標に反射して、発信者の元へ帰ります。親切、愛情、感謝の念は良い波動となって発信者に幸せをもたらし、人を憎む、恨む、怒る、エゴ、自己中心など悪い念は地獄霊と同調して、相手にはとどかず発信者を不幸にすることがあります。

また、毎日の想いのエネルギーはデータ化されて潜在意識にインプットされ、これによって未来の良い運命か悪い運命のプログラムが作られます。

早く幸せになるには、他人の幸せを自分のことのように喜んであげることです。キリストはこれを祝福といっています。人の幸せを憎む人や対岸の火事と他人の不幸は大きい程面白いと言う人がありますが、こんな人には永遠に幸せはこないでしょう。

第2章　あなたにも特殊能力がある

鮭が生まれた川へ帰ってくる。渡り鳥が幾千キロもの遠距離を地図もコンパスもなく正確に飛んでゆく。

学者は、これを本能と言うだけで、動物にこのような神秘的な能力が何故あるのか、よく研究しておりません。

地震の前に動物が異常行動するように、自然界の動物、昆虫は未来に対して、優れた予知能力を持っています。動物や虫類が普遍的に持っている能力を、万物の霊長である人間が、どうして持っていないのでしょうか。

聖書には、アダムとイブが蛇にそそのかされて、禁断の知恵の実を食べたために、神の怒りにふれて、エデンの園から追放された、と書かれています。それ以来人間は、知識

（左脳）のみ発達しましたが、右脳があまり働かなくなり、未来予知能力を失い、また、神とのコンタクトが断たれて、苦しみの世界を放浪するようになったといわれています。

人間にも本来超能力がありました。その能力を忘れ去っていたことを指摘して、それを開発することを教えた仏典があります。

その仏典は、日本では多くの人々に読まれておりますが、文章の意味と内容を知らず、ただ音読しているだけです。その仏典の名を摩訶般若波羅蜜多心経といいます。名前の意味はインド古代語の、マーハ、パーニア、パラー、ミッターという発音をそのまま漢字にあてはめたもので、字から意味を取ることはできません。和訳すると、「人間の潜在意識の奥にある偉大な英知（超能力）を発見する心の教え」という意味です。（「般若心経」については後述）

心経が示すように、あなたも、私も、すべての人は心の奥に特殊能力を持っているのです。ただそれに気付かなかっただけです。気づかないうちは能力は眠っております。人間は神の子といわれています。神の持つ超能力の一部を持っていても不思議ではありません。超能力があることを確認したとき、それは眠りから目覚めて動き出すでしょう。このためにも、私達はまず人体の構造と精神《こころ》のメカニズムを充分に知ることが必要です。

1. 人間の構造

人間は肉体（物質）と大脳（精神《こころ》）と魂が合体して作られた精緻な生命体で神が作った傑作といわれています。

魂（エクサピコ）は人間の本体で情報を持った波動エネルギーです。一定の数値の原子核の集団によって作られ複雑精緻な構造をしております。10《1億》ヘルツ以上の振動数を持っております。（魂の詳細は後述）

肉体は魂を格納して運搬するロボットであり、大脳は精神《こころ》と肉体をコントロールするコンピューターにすぎません。

肉体は四〇兆の細胞群から構成されています。すべての細胞は全身の設計図である遺伝子を持ち、設計図を正確に読みとって老化した細胞を新しい細胞に自動交換する高度の能力を持っております。

人間は他の脊椎動物、哺乳動物と外見的によく似た構造をしていますので人間は類人猿

人間の構造

人間
- 肉体（ボディ）：物質、3次元（色《しき》）
  五官センサーをもち、魂を格納して移動するロボット
- 心（マインド）：表面意識
  物質世界に対応する。大脳はコンピューター
- 魂（スピリット）：潜在意識
  4次元（空《くう》）の世界に対応。神霊との接点

から進化したと思っている人もありますが、魂の原子核構造と遺伝子の分析などから人間は最初から人間であったようです。

神は人間の耐用年数を一五〇年として設計されましたが、人類は生命の根源となる水、空気、食物を汚染し、またストレスを発生させて平均寿命を半分に縮めました。肉体は事故、病気、老衰で生命を失います。死の判定に脳死、心臓死などの説がありますが、霊界では魂が肉体から離脱したときを死としております。珍しい例ですが、一度離脱した魂が再び肉体に戻って生きかえることがあります。魂は一度霊界の風景を見ております。これを臨死体験といいます。

死後、肉体は原子、分子に分解されて自然界（大地）に戻りますが、魂は霊界へ移動して生き続けます。

2. 心のしくみ

人間の心ほど不思議なものはありません。愛する、喜ぶ、憎む、悲しむ、怒る……心は千変万化して、人間の精神と肉体を支配し、天国でも地獄でも即座に現出します。そして、その人の過去、現在、未来を演出するプロデューサーです。三次元の現実世界と、空想や夢の四次元世界や、ホンネとタテマエ、嘘とマコトが共存して、自分自身の心でありながら、自分でコントロールできません。

人間の心は本能、感情、理性、感性から成っております。その奥に魂（霊性）があります。魂は人間の本体で、その人の風格、人格となって表現されます。

下等動物は本能のみで行動しております。

本能の基本的なものは、生存本能、生殖本能です。人類にはこれに闘争本能（戦争、スポーツ、娯楽、経済などの競争）が加わります。

犬猫牛馬のように多少進化した動物には本能に知性が加わり、猿類になると感情も持っているようです。

動物になくて、人間のみが持っているものに理性があります。理性は、本能、感情、知性をコントロールしてチェックし、反省というフィードバック装置を備えた高級な機能です。

人間が万物の霊長として地球に君臨しているのは、知性もさることながら理性があったからでしょう。知性は諸刃の剣で、人間を幸せにすることにも、戦争や犯罪行為で人間を苦しめることにも働きます。

もし人間に理性がなければ、人類も地球もとっくに破滅していたでしょう。これを阻止したのが理性です。

本能と感情は教育する必要はありませんが、知性と理性は教育と体験することによって成長します。

理性が知性より重要なものであるのに、家庭でも学校でも知性優先で、理性の教育は行われておりません。最近社会問題となっている精神障害者は、理性が十分働かない人に多いようです。理性は薬物、アルコール、金、名誉などの影響を受けて、チェック機能を喪失することがあります。神はそれに備えて良心という二重のチェック組織をつくりました。良心は表面意識の管轄外にあり、神に直結しています。どんな上手な嘘つきでも、自己の良心を騙すことはできません。

理性の根本理念は神の法（真理）であります。理性は人間育成、教養、良識の根源であります。

3. 知性、理性、感性、霊性

知性は左脳の能力で記憶、計算、分析、選択など三次元の物質世界で合理的な働きをします。学習と体験することにより向上します。自己中心の価値観で動き、自己の肉体から発生する我欲、物欲、食欲、情欲、名誉欲、競争欲などの虜となって悩み、苦しみ、犯罪を作っています。

知性は学問、技術など科学文明をつくり人類に豊かさと便利さを与えましたが、同時に自然の汚染と破壊、戦争などにより人類と他の生物に大きな被害を与えております。

神は知性が暴走しないように理性という反省とフィードバックする機能をつくり、知性が正しく働くようコントロールされています。戦後日本は学歴社会が続き、知性偏重の教育が行われて理性が充分機能しない人間を多く作り、社会不安と犯罪の原因となっております。

知性と感性は相反する性質と特性があります。緊張、興奮すると知性の働きが強くなり感性の能力は低下します。知性が静まりリラックスしたとき感性がよく活動します。知性は年と共に老化劣化しますが、感性は死ぬまで成長し続けます。

般若心経の摩訶般若（マーハーパーニア）は偉大な英知という意味で右脳の感性に関連する能力です。観自在菩薩《かんじざいぼさつ》とは過去、現在、未来を見通す力があるということです。

知性は情報を知っているだけで実行できません。ゴルフの本を百冊読んでもグリーンで球が打てないのと同じです。しかし英知は情報をすぐ行動することが出来ます。

スポーツ、演芸、音楽、絵画などの芸術と文化は感性と英知の世界です。

感性は守護霊と神仏などの高級霊と同調できますが、知性は自我・我欲が中心で低級霊としか連絡できません。

知性、感性、霊性すべて波動の世界です。感性の波動は知性より振動数が高くなっています。

知性、理性、感性を総合したものを想念といいます。強く念《おも》ったとき念力《ねんりき》というエネルギーが発生します。そしてエネルギーと心の波動の情報が一体となって現象化して未来運命を現出します。宗教の祈りは想念エネルギーを応用したもので神仏は直接関係ありません。信神と書かず信心というように祈る人の心が主体です。

常によい情報の心を持てば幸運がおとずれ、悪い情報の心を持てば不幸不運という現象が発生します。

よい運命を作る心の情報は、リラックス、明朗、素直、親切、感謝、謙虚な心で、不幸を呼ぶ情報は自我《えご》、我欲、怒り、傲慢《ごうまん》、憎しみ、うらみ、争い、心配、クヨクヨ、不平不満、ギャンブルなどです。

4. 左脳と右脳のはたらき

宇宙は、物質（色《しき》）の世界とエネルギーと精神（空《くう》）の世界からできています。神は人間の大脳を左右二つに分割して、左脳は色の世界に、右脳は空の世界に対応できるように能力を与えました。そして、左右の脳がバラバラに働いて混乱しないように、脳梁という連絡路をつくり、左右の脳が情報を交流し合うように配慮されています。

左脳は外部からの教育を受け、体験を積むことにより成育されます。右脳は、外部から教育することは出来ません。自己が自ら啓発し、反省する自己教育のみによって成長します。

左脳は自己中心的価値観で行動し、右脳は自己以外の他者や自然の中に価値観を求める働きがあります。

右脳の感性は四次元世界の能力です。ひらめき、直感、未来予知、創造、情熱、根性、情緒、耐性、茶の湯、ワビ・サビの心、恋愛など理論、時間、数値、利害得失を超えて行動し、自己以外のものに価値を発見して喜びを感じる性質があります。

右脳はこのような高級な思考力がありますが、飛躍しすぎると理想主義となり現実にマッチしないことがありますので、左脳の論理によってチェックすることが必要です。しかし左脳は批判力が強く貴重な直感を否定することがあります。美術、芸術、文芸、プロスポーツなどは右脳が主として働き、左脳はそれを補助します。文明は左脳、文化は右脳の働きです。

常識的に成長した人の脳は左脳、右脳共に調和よく働いております。特に、優れた仕事を成し遂げた人は、物理学者や数学者でも左脳と共に右脳もよく機能して、芸術や感性に優れ、無味乾燥と思われる数字や物理化学の世界に美を感じる人も多くあります。また、右脳の感性に優れた芸術家、芸能家の世界でも、成功している人は左右の脳をバランスよく活動させております。

現代人の右脳があまりよく働かなくなったのは、物質世界の中で自己中心的価値観を持ち、小学校から大学まで一貫して左脳に理論、数学、権利意識ばかり教育して、アンバランスな左脳人間をつくり上げた結果でしょう。

悩み、イライラ、心配、不平、怒り、憎しみは主として左脳から発生します。

安らぎ、感動、安心、感謝、愛、思いやり、親切、ボランティア活動は右脳の働きです。緊張したときは左脳が活発となり、リラックスしたとき右脳がよく働きます。禅、瞑想は無心となって左脳の働きを押さえて右脳を活性化するテクニックです。

左脳の働き	右脳の働き
見える世界に対応	見えない世界に対応
脳波はベーター波（15～30Hz）	脳波はアルファー波（8～13Hz）
物質世界（色《しき》）――科学的	精神世界（空《くう》）――超科学的
知性、理性、合理的思考、自己中心的価値観	感性、情緒的、直観的、ヒラメキ、創造力、未来予知力、超感覚、根性、耐性、情念、念力、義務感、永久記憶、言語、芸術、プロスポーツ、真我、共存、調和、奉仕、感情、愛、平和、祝福、生きがい、感動、やすらぎ、悟り
計算、分析、設計、組立、数字化、選別技術、科学、物理、一時的記憶	
自我、我欲、物欲、名誉欲、情欲、緊張、権利意識、競争、闘争、奪う、怒り、憎しみ、妬み、イライラ、不平、不満	
過去と現在	現在と未来
西洋哲学（観念論）	東洋哲学（想念論）

マリファナ、アヘンは左脳の知性と理性を麻痺させ、右脳を夢幻の世界へ誘い込みます。

男性の性行動は左脳から始まり途中で右脳へバトンタッチして勃起、射精が行われます。左脳のみだとインポテンツや早漏をおこします。女性の性はほとんど右脳によって支配されます。右脳はチェック機能に欠けていますので、恋愛が盲目的になる危険があります。

右脳の働きが悪いと個性の鈍化、自己喪失、無気力、他人依存などがおこります。

反省は左右脳が相互に意識のフィードバックをして過ちを修正する作業です。

中年以上になると左脳は年とともに老化

して記憶力が低下します。米国の心理学者R・B・キャテル氏の研究によると左脳の知性能力を流動性知能といいコンピューターのハードにあたります。二〇歳前後にその能力はピークに達して、それ以後年齢と共に衰えてゆきます。右脳の感性的能力を結晶性知能といい健康で行動的である限り六〇歳、七〇歳になっても年齢と共に内容充実して能力は旺盛となります。これをソフトウェア脳といっております。年配者になると物忘れが多くなりますが、それは左脳の記憶データの一部が劣化するだけで、誰にでも起きる現象ですから心配することはありません。常にメモするなどしてカバーすれば良いのです。

5. 右脳の活性化

現代は感性時代となりました。

感性を正しく知るには、自己の右脳を活性化することです。右脳がシャープになると、年齢を問わず、感性を体で感じるようになります。このように右脳が活性化しないと、新しい時代のトップとしての資格を失うかもしれません。特にデザイナー、PRマン、コピーライター、ソフトウェアSE、プログラマーなどは、右脳思考が大切です。

右脳は教育しなくても、生まれたときから標準的能力をすでに持っております。これ以上向上させるのは、自己が自分で自己育成するしかありません。

右脳は脳波が七～一三ヘルツのアルファー波のときによく働きます。脳波が一五～三〇ヘルツのベーター波になると左脳が働いて、右脳は休止します。緊張しますと脳波はベーター波となり、左脳は活動しますが、右脳は働きません。右脳を教育するには、リラックスして、左脳を静かにさせることです。

禅とか瞑想は、左脳にものを考えさせない訓練です。

右脳活性化のための注意事項は次の通りです。

①左脳と右脳の固有の能力を知り、左右を適材適所に活動させるよう注意する。

②左脳がリラックスしたとき右脳が働く。

③怒り、憎しみ、不安、あせり、イライラの心があるときは、左脳のみむだに働き、いたずらに心身を疲労させる。

④常に心を平静にする。

⑤何も考えないで、ボンヤリした時間を時々つくる。

⑥勝負事は避ける。
⑦腹八分目、過食しない。
⑧煙草、アルコール、カフェインはよくない。
⑨退屈しているときは、明るい建設的な空想の世界に遊ぶ。（妄想はいけません）
⑩リラックスして音楽をボンヤリ聞く。
⑪勝負を伴わない軽いスポーツに汗を流す。
⑫森林浴、緑の中の散歩をする。
⑬他人の幸せ、喜びを祝福する。
⑭大自然と一体となる意識を持つ。

6. プロは右脳　アマは左脳

人間は日常生活中に意識行動と無意識行動の二種類の行動をします。左脳の指令によって動作するのを意識行動、右脳の指示で動くのを無意識行動といいます。

ピアノなどの楽器演奏、舞踊、武道、スポーツなど、はじめの練習中は左脳が働きます。

この時期をアマチュアといいます。練習が進むと左脳から右脳へ移ります。右脳が完全に支配したときプロとなります。プロ野球選手の華麗な美技は全部右脳の働きです。また科学者、医者、芸術家、著名な数学者、将棋や囲碁の名人と云われる人は左右の脳がバランスよく活動しています。専門職のプロには、たいてい指導霊がついて指導します。指導霊の存在を否定する人は秀れた名人上手にはなれません。

左脳の記憶力は限界がありますが、右脳は無限の記憶力を持っています。

ロザノフ博士が開発した語学加速学習法は、右脳の潜在意識へ外国語を左脳が記憶する五〇倍のスピードでインプットして、三カ月で外国語が話せるようになり、現在、世界各国で行われております。左脳で本を読む能力は一分間四〇〇字〜六〇〇字ですが、右脳の速読力は理論的には一分間に何万字も可能といわれています。右脳はイメージ脳といって目でとらえたものを写真で写すように一時にとらえて記憶におさめる能力があり、またそれを必要に応じて引き出すことも出来ます。

これは人間が誰でも本来持っている右脳の能力ですが、それに気が付かない人が多いようです。

7．右脳は胎児の時から働いている

七田チャイルドアカデミー学校の七田真氏は赤ちゃんには驚くほど天才能力があり、それは右脳の働きによるものだと言っておられます。胎児期および〇歳～三歳の間は右脳が主として働き、三歳～六歳になると右脳から左脳へ働きが移ってゆきます。六歳以上になると左脳が主として働く時期になってしまいます。

左脳は六歳ごろからでないと働きませんが右脳は胎児の時からすでに働いており、言葉によらないコミュニケーション能力（テレパシー）や理解力、記憶力、思考力があるそうです。母が胎児にテレパシーを送れば胎児は理解することが出来るようです。母に喜びあれば胎児も喜び、母に悲しみあれば胎児も心配するといわれています。妊娠中の母は穏やかな心を持つことが必要です。これらのことは右脳の働きによるものです。胎児から乳幼児のときからこのような能力があることに大人が気が付き、胎児幼児の時に心を育てる教育をすれば秀れた資質の子供たちを育てることが出来ます。

五歳の幼児が数学の代数や因数分解をする、幼稚園児がロメオとジュリエットを原語で読む、など現実にあります。

世人は英才教育と言っております。幼児期は左脳がまだよく活動しません。そのかわり右脳がよく働いて、このようなことが可能となります。内容を理解することはできませんが、右脳の記憶力は左脳の約十倍の能力を持っているので、どんな複雑なことでも丸暗記してしまいます。六歳をすぎると、左脳の知性が発達しはじめて、右脳の働きを押さえて、このようなことは出来なくなります。

人間の一生を左右する性格は〇歳から六歳までの間に幼児の右脳にインプットされた情報によってつくられます。

左脳は外部より教育し、自己が体験することによって成長しますが、右脳は外部から教育することができません。それは教育情報を左脳だけが受け取って、右脳に伝わらないからです。しかし人間一生の間で三度だけ教育するチャンスがあります。

それは〇歳から六歳までの幼児期、会社入社直後の新入社員、そして結婚後一年以内の夫と妻……です。

8. 左脳に支配された人間

多くの人は、左脳に支配されて自己中心的自我に唯々諾々と、その指令に従っております。人間は物質社会の中に生き、生存本能によって自然と自己中心的行動を起こします。その上、家庭でも学校でも左脳の教育のみに専念しておりますので、どうしても左脳人間が多くなります。知識人と称する人には左脳人間が多く、右脳の偉大な能力を知らない人もいます。

左脳の知識は一組の百科辞典に及びません。また、過去と現在にしか機能しませんので、先見性がなく、未来を開く能力がありません。それなのに、自己の持つ少ない情報のみに依存して独善、専断で、自己の情報外のことは「関係ない」「そんなはずがない」「非科学的だ」「迷信だ」など超科学的能力を秘めた右脳の存在を忘れて、拒否してしまいます。このように左脳はいつも右脳にブレーキをかけ、その能力を圧制しております。

大脳は一四〇億以上の脳細胞からできております。一四〇億の素子を持った超大型コンピューターです。しかし情報がインプットされて実際に働いているのは、三～五％にすぎないといわれております。特に、右脳の素子がほとんど働かない人が多いようです。

私たちは今こそ意識革命を断行して、身体を牛耳っている左脳の支配から離脱して、左右脳をバランスよく効果的に活用すべきです。

9. 人間の「気」のエネルギーとオーラー

太陽から、地球上すべての生命体を生かす生命波動エネルギーが放射されています。中国ではその生命エネルギーを「気」とよんでいます。地球上の動物、植物、鉱物まで万生万物はこの「気」の影響を受けて生存しております。

気のエネルギーが充実した動物、植物から「気」のエネルギーを二次放射しております。これをオーラーといいます。人間の目には見えませんが、特殊写真で「気」の写真を撮影することができます。これをキルリアン写真といいます。

霊山、霊地、神社、仏閣、仏像、お宮の鳥居、お寺や神社が発行する神札、お守りなどからオーラーが出ております。

オーラーは神界のオーラーから地獄界のオーラーまでピンからキリまであり、本体の波動のレベルにより色彩が変化します。神のオーラーは黄金色、高級霊は蛍光灯のような強く明るい白色か淡い紫色、一般の人のオーラーは水蒸気のような淡い白色、心の清浄な人は淡い水色ですが、怒ったときは赤色となり、病気や精神的に落ちこんだときは灰色のオーラーになり、死亡する三週間くらい前には黒みがかった灰色となります。昔の高僧はこれを見て死期を察知したようです。

炎のような赤い色や灰色、黒色がかった色は地獄界に関係しております。

不動明王の火焔の赤い色のオーラーは、地獄の悪霊、邪霊を焼き払う強いエネルギーを示しております。天上界には燃える火はなく、火焔を表現した濃い赤色のオーラーもありませんが、地獄界では多く見かけます。一部宗教で行う護摩焚きの行事は天上界にはありません。

仏像の光背は、仏から出るオーラーを一般の人に見えるように表現したものです。丸型（如来型）、舟底型（菩薩型）、火焔型（不動明王型）と三種類あります。

約三十年前にNHKの元技術部長内田理学博士が電磁波を応用した人体オーラー測定器を開発され、人間のオーラーを測定することが可能となりました。本書に記載した人間のオーラーは、同氏が測定された人間のオーラー図です。

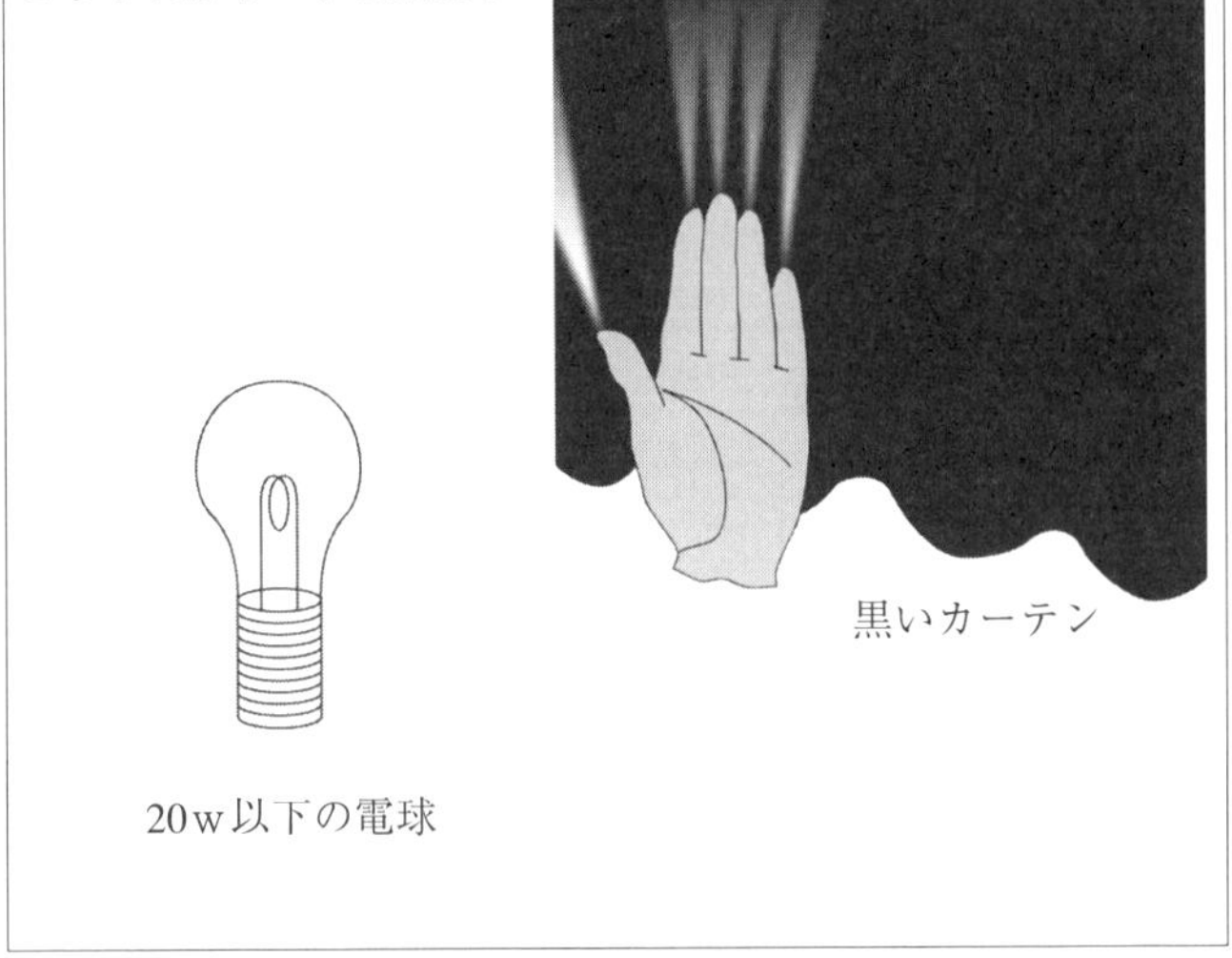

こうすればオーラは見える

人間のオーラーの基本形は仏像のオーラーのような三種類あります。男子のオーラーは父親に、女子は母親のオーラーに形が似ているそうです。人間のオーラーを横から見ると、みんな平べったい楕円形をしておりますが、心の波動が高く親切で感謝の心を持ち礼儀正しい人のオーラーは別図のようにお辞儀しているように前に傾き、高慢で不親切な人のオーラーは、そっくり返った形をしているようです。

　人間のオーラーは頭部と手の指先から多く二次放射され、心の変化（波動の変化）と健康によって色彩が変化します。前述のように、リラックスし心が平静のときは淡

人体オーラ（内田理学博士の実験資料より）

正面から観測される形状
感謝と反省の心を持つ礼儀正しい信仰心のある人について側面から観測される形状
感謝と反省の心がない我の強い無信心の人について側面から観測される形状

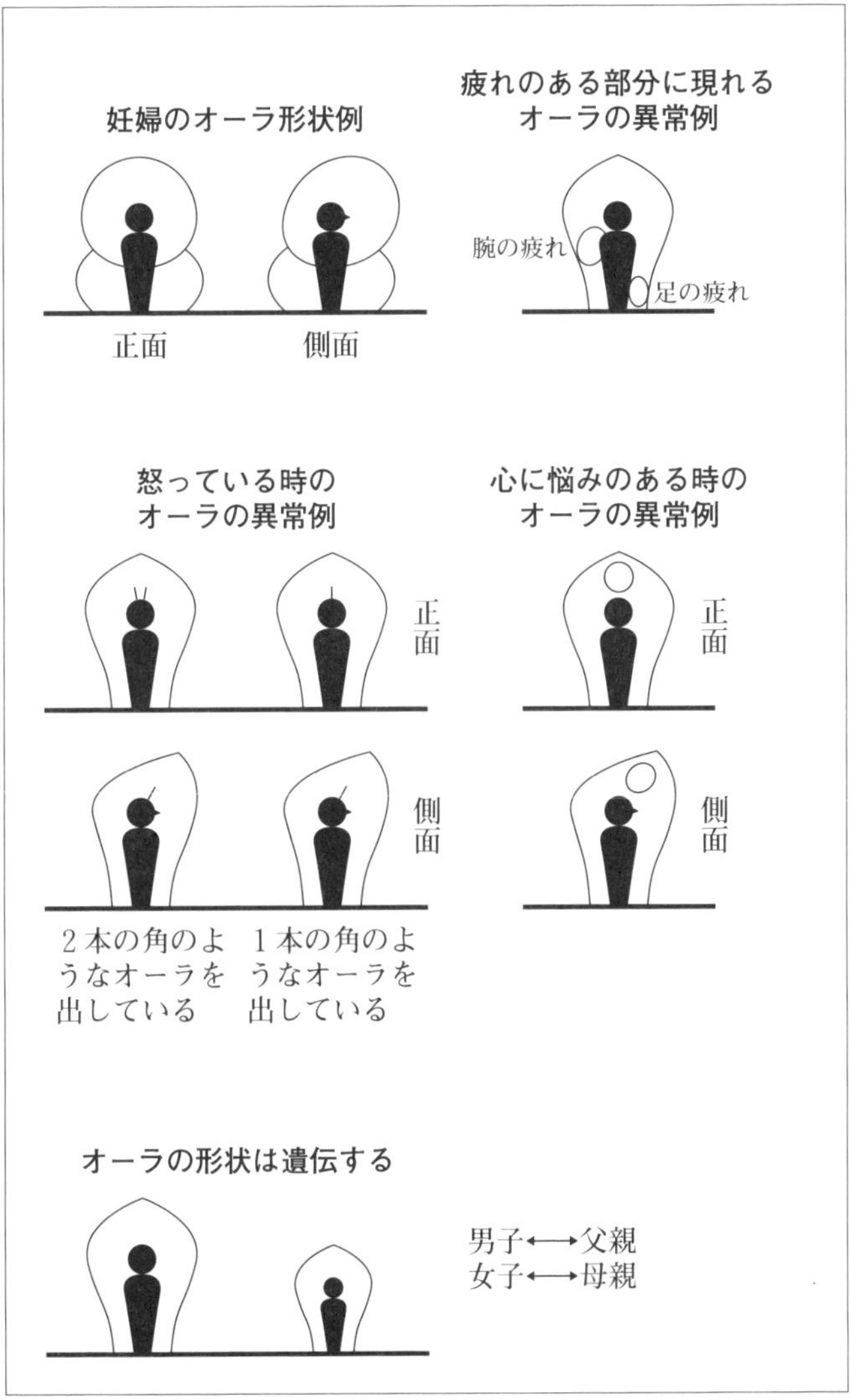
妊婦のオーラ形状例
正面
側面
疲れのある部分に現れるオーラの異常例
腕の疲れ
足の疲れ
怒っている時のオーラの異常例
正面
側面
２本の角のようなオーラを出している
１本の角のようなオーラを出している
心に悩みのある時のオーラの異常例
正面
側面
オーラの形状は遺伝する
男子←→父親
女子←→母親

い白色、淡い青色、淡い緑色で、怒ると赤色、心配、不安、病気のときは灰白色となります。病気が重くなると暗い灰色となり、オーラーの一部に空洞ができます。

人体の「気」の通る通路を経絡《けいらく》といいます。鍼灸は、経絡の節目（ツボ）を刺激して気の流れをよくして病気を治療する方法です。

健康な人の手を病人の痛む所にあてると、手から出るオーラーエネルギーが患部に注入されて病気治療ができます。昔から病気治療することを「手あて」と言ってきました。現在では「気功」といいます。肩、腕、腰、膝などの神経痛によく効き、二、三回の「手あて」で痛みが消失します。私は手術でしか治らない痔病の脱肛や子宮下垂脱を一、二回の気功で全治させた体験があります。中国では病院に気功科があり、盛んに治療が行われております。

日本画の超大家、東山魁夷氏や平山郁夫氏の絵を見ると、画中の人物、動物、植物、神社仏閣に巧みにオーラーが描き込んであります。これによって寺院から霊気が感じられ、人間、動物、植物が生きているように思われるのです。オーラーの描いてない絵は、どんなに上手に描かれても写真のように生気がなく、死んだ絵となります。

死亡した人間、動物、枯木からはオーラーが出ません。

人体のオーラーは○歳児か霊能者でないと見えませんが、図のようにして手先を見ると白色の超微粒子が勢いよく放射しているのを誰でも見ることができます。指先を少々左右に動かすと、よく見えます。

10. 般若心経が示す人間の英知

《意訳般若心経》
日本の仏教、密教、山岳宗教などで多くの人々に読誦、写経されて、大衆によく知られている経文が般若心経です。このお経は唐の三蔵法師によって、インドの大般若経のダイジェスト版が中国語に訳されたものと言われております。
読誦したり写経していても、その意味を知っている人は少ないようです。昔は、意味がわからなくても唱えるだけで効果があるありがたいお経だと教えた宗教家もいたそうです。 意味不明のまま経文を何回読んでも何の役にも立ちません。お経の教えを理解して生活の中で実践して、はじめて、お釈迦様の教えが生かされるわけです。

日本の仏経典は漢文（中国語）のままで、日本語に翻訳されておりません。インド語のお経はチベットへ渡り、チベット語に訳され、チベットから中国へ渡り、チベット語の経文は中国語に訳されております。

キリスト教の聖書は世界各国の言語に訳されて、誰が読んでも理解することができます。昔のチベット、中国には波動が高く優れた霊能力を持った僧たちがおり、その人達が、インドの釈迦の教えの原典を作ったインド僧の霊魂とチャネリングして、自国語に翻訳したと思われます。チャネリングすれば、参考書や辞書がなくても厖大な量の経典を正確に訳することが可能と思われます。日本に入った仏教はユニークな新興宗教として朝廷に認められ、国家権力の庇護をうけ、安易な宗教活動であったためにチャネラーが現れなかったのではないかと思います。

日本では仏教の大部分の経典が漢文のままで、大衆は意味、内容が不明のまま音読するだけであることが、現在の仏教衰退の一因ではないでしょうか。

摩訶般若《マーハーパーニア》とは古代インドの音標文字で、意訳すると、過去、現在、未来を見通す仏の知恵ということです。そして、すべての人の潜在意識（蜜多《ミッター》）の中に、その知恵は存在しているので、それを発見（波羅《パーラー》）して生活の中で活用することを教えております。

先祖供養や仏壇に向かって心経を唱える人がありますが、心経は生きた人に対する教えで、死者に唱える経文ではありません。偉大な英知に到達する方法として、肉体より発生する我欲、物欲、金欲、情欲、グルメ欲、名誉欲、競争欲を超越して、心を正しくすることを教えています。

また般若心経は、驚くべき科学的な内容を持っております。

心経のハイライトである「色即是空」「空即是色」の「色」は三次元の物質世界を、「空」は四次元の波動とエネルギーの世界を示しております。「色不異空」「空不異色」は物質とエネルギーが同質のものであると言っております。近代科学のアインシュタインの相対性理論でも、Ｅ＝ＭＣ^{2}の公式でエネルギーと物質の等価性（同質であること）を説明しております。また、人間の想い（空）と行動（色）は表裏一体となり、刻々と変化しつつ未来の運命を創りつつあることも示しております。

意訳・般若心経

摩《ま》訶《か》般若《はんにゃ》波《は》羅《ら》蜜《みつ》多《た》心経《しんぎょう》

「心の奥に秘められた偉大な知慧に到達する心の教え」

古代インド語の音標文字

摩訶（**マーハー**） 偉大な

般若（**パーニャー**）知慧＝知恵とは次元が異なる

波羅（**パラ**） 到達する

蜜多（**ミッター**） 内在する

観《かん》自《じ》在《ざい》菩《ぼ》薩《さつ》、行深《ぎょうじん》般若《はんにゃ》波《は》羅《ら》蜜《みつ》多《た》時《じ》、照見《しょうけん》五《ご》蘊《うん》皆《かい》空《くう》、度《ど》一切《いっさい》苦《く》厄《やく》、舎《しゃ》利《り》子《し》、

「過去、現在、未来を自由に見通すことのできる悟られた方は深く心の修行をして偉大な知慧に到達することによって煩悩は次々と消え去っていくものであり、一切の苦悩と災厄を超越することができると、はっきり気付いた」

行深 深く実践する

照見 はっきり、わかる、気付く

五蘊 五官、目・耳・鼻・口、触角によって起きる心の悩み、苦しみ、煩悩

皆空 すべてのものは、次々と移り変わり消え去っていく

度 こえる、超越する

色《しき》不《ふ》異《い》空《くう》、空《くう》不《ふ》異《い》色《しき》、色《しき》即《そく》是《ぜ》空《くう》、空《くう》即《そく》是《ぜ》色《しき》、受《じゅ》想《そう》行《ぎょう》識《しき》亦《やく》復《ぶ》如《にょ》是《ぜ》、舎《しゃ》利《り》子《し》、

「見える世界と見えない世界は表裏一体である。物質とエネルギーも同質のものである

（相対性理論では$E=MC^2$の公式で表わし、物質とエネルギーの等価性という）。人間の想い、行動、知識は表裏一体となって変化していく」

色　見える世界　物質　原子　現象界　三次元世界

空　エネルギー　魂　精神　実在界　四次元世界

是《ぜ》諸法空相《しょほうくうそう》、不生《ふしょう》不滅《ふめつ》、
不垢《ふく》不浄《ふじょう》、不増《ふぞう》不減《ふげん》、

「見える世界では、すべての物が消滅し変化しているように見えるが、大自然の法則によって創られた自然界のすべてのものは、自然の法則に従って色から空、空から色へと循環するだけで、本質的にエネルギーの総量は発生したり、量が少なくなることはなく、良くなったり、悪くなったり質が変化することなく、物質（原子）の量も増減することはない。すべて調和しつつ宇宙空間と一体となっている（人間の魂も永遠の生命をもって三次元と四次元世界を転生輪廻している）」

不生不滅　エネルギー不滅の法則

不増不減　質量不変の法則

諸法　宇宙意識と自然の法則

空相　エネルギー

是《ぜ》故空中《こくうちゅう》、無色《むしき》、無受想行識《むじゅそうぎょうしき》、
無眼耳鼻舌身意《むげんにびぜっしんい》、無色声香味触法《むしきしょうこうみそくほう》、
無眼界《むげんかい》、乃至《ないし》無意識界《むいしきかい》、

「魂や心は空の世界であり、そこは、物質のない世界だから思いからくる知識や行為の影響を受けることはない。五官とそれによって動く心（六根）の煩悩と物質による執着をなくして、見える世界から離れて、心の悩みや煩悩のない世界に入る」

無無　否定の否定。ないことはない

無無明《むむみょう》、亦無無明尽《やくむむみょうじん》、乃至《ないし》無老死《むろうし》、
亦無老死尽《やくむろうしじん》、無苦集滅道《むくしゅうめつどう》、
無智亦無得《むちやくむとく》、以無所得故《いむしょとくこ》、

「無限の光明が満ちあふれる世界、そこでは永遠の生命が続き、生老病死の苦しみはなく、一切の苦しみもなく知識や損得のない世界だから生活するために心をつかうこともない」

菩提薩埵《ぼだいさつた》、依般若波羅蜜多故《えはんにゃはらみったこ》、
心無罣礙《しんむけいげ》無罣礙故《むけいげこ》、無有恐怖《むうくふ》、
遠離一切顛倒夢想《おんりいっさいてんどうむそう》、究竟涅槃《くぎょうねはん》、

「秘められた偉大な知慧を発見して悟りを開いた人は心に執着がない。執着がないから恐れや不安の心がなく夢のような、とりとめのない事から、すっかり離れて、真理を究め、煩悩のない静穏な悟りの世界に入る」

三世諸仏《さんぜしょぶつ》、依般若波羅蜜多故《えはんにゃはらみったこ》、
得阿耨多羅三藐三菩提《とくあのくたらさんみゃくさんぼだい》、

「過去、現在、未来の三世に通じた仏達は偉大な知慧に到達して大宇宙、仏の真理を体得して悟りの世界へ入った」

阿耨多羅　サンスクリット音標文字

故知般若波羅蜜多《こちはんにゃはらみった》、是大神呪《ぜだいじんしゅ》、
是大明呪《ぜだいみょうしゅ》、是無上呪《ぜむじょうしゅ》、
是無等等呪《ぜむとうどうしゅ》、能除一切苦《のうじょいっさいく》、真実不虚《しんじつふこ》、

「自己に内在する偉大な知慧は大神（天地創造主）の意識であり、神の光のエネルギーであり、最高の意識であり、並ぶもののない究

極の言葉と意識である。この神の意識、言葉によって一切の苦しみが取りのぞかれて、うそ、偽りのない真実の世界を知る事ができる」

大神呪　偉大な神の言葉（意識）。初めに
　言葉ありき、言葉は神なりき

大明呪　神の光のエネルギー

無上呪　この上のない究極の言葉（意識）

無等等呪　並ぶもののない意識

故《こ》説《せつ》般《はん》若《にゃ》波《は》羅《ら》蜜《み》多《った》咒《しゅ》、即《そく》説《せつ》咒《しゅ》曰《わつ》
掲《ぎゃ》帝《てい》掲《ぎゃ》帝《てい》、般《は》羅《ら》掲《ぎゃ》帝《てい》、
般《は》羅《ら》僧《そう》掲《ぎゃ》帝《てい》、菩《ぼ》提《じ》僧《そ》莎《わ》訶《か》
般若心経《はんにゃしんぎょう》

「偉大な知慧は、神の意識であり神の言葉である。ゆえにこれを呪文として申し述べよう。さあ、みんな悟りの彼岸へ行こう。すべての修業僧よ、悟りの彼岸に到達して、悟りを成就させよう」

カーティカーティ　パラカーティ
パラサン　カーティ
ボディ　スーパーハの音標文字

カーティ　行きて
パーラ、カーティ　彼岸へ行き着く
ボディ　悟り
スーパーハ　成就する

〈参考文献〉
原説般若心経　高橋信次著
霊示　瀬川宗一著
NHK般若心経を読む　金岡秀友著

第３章　波動が幸・不幸を決める

1．宇宙は波動で作られている

近代科学の量子力学は、物質の究極の単位である基本粒子は、すべて粒子であると同時に波動であると証明しています。

波動とは、情報を持ったエネルギーです。電磁波のように振動数（波長）の変化に従って異なった情報内容を持っています。宇宙空間すべてのものは、原子、分子で構成されています。原子は自然界では原子量一の水素から原子量九十六のウランまで、わずか九十六種しかありません。原子と分子の波動の組合わせによって幾億万種の物質に変化します。

原子をつくっているのは陽子と電子で、陽子を分解すると中性子、素粒子、クオークとなります。そしてエネルギー粒子に転換します。原子は固有の波動を持ったエネルギーの

物質の構造

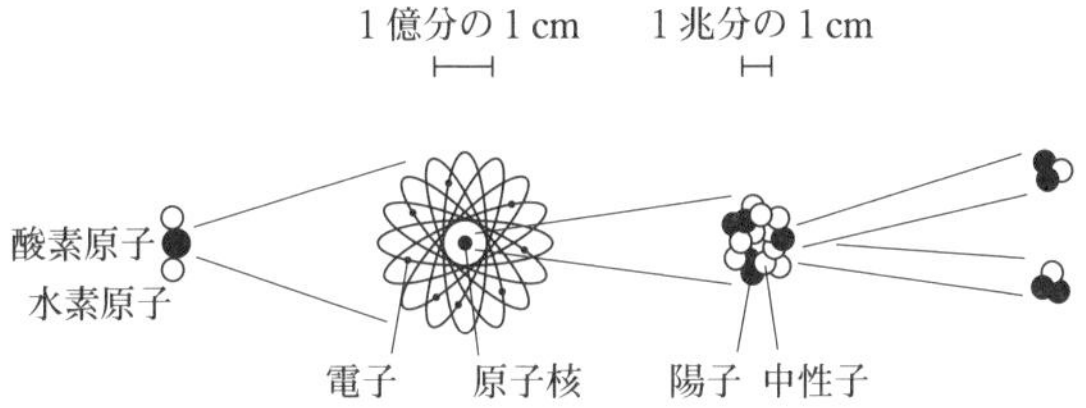

粒子です。エネルギーの塊ともいえます。原子のエネルギーを一挙に解放したものが原子爆弾です。

四次元のエネルギーが高度に集中すると、物質の素であるクオークが生まれ、そこから素粒子、中間子、陽子、電子ができて、原子となります。原子が組み合わさって、分子をつくり、分子が集合して、物質となります。このように物質とエネルギーは粒子の振動数（波動）が異なるだけで、本質的には同類であります。アインシュタインは相対性理論で「物質とエネルギーの等価性」といっております。

2. 波動に左右される人間の意識と行動

三次元の見える物質世界も四次元の見えないエネルギーの世界もすべて波動です。波動は意志と情報と振動数を持ったエネルギーです。

波動でわかりやすいのは、音の波動です。音は弾性体を伝わる振動です。音波の波動が高くなると電磁波となります。電磁波は振動の荒い長波、中波、短波のラジオ波から、FM波、VHF波、UHF波のテレビ波となり、さらに振動が高くなると宇宙衛星に利用されるマイクロ波となります。マイクロ波よりさらに振動数が多くなると光の波動となります。光は振動数によって遠赤外線、赤外線、可視光線、紫外線、X線、ガンマー線、宇宙線と変化してゆきます。光の中で人間の目に感じるのは、三八〇〇オングストロームから八〇〇〇オングストロームのごく一部だけで、その他の光は見えません。波動がさらに高くなり、10^{10}ヘルツで原子、分子、物質となり、10^{20}ヘルツでエーテル体、10^{30}ヘルツでエネルギー粒子となります。エネルギーの振動が非常に高いものが、心、霊魂、神仏のエネルギーだと推理されています。（注・ヘルツとは一秒間の振動数）

このように、見える三次元の物質世界から、見えない四次元世界のエネルギー、心と精神、霊界、神仏の世界まですべて波動であります。そして、すべての波動は特有の情報（意識と意志）と固有の振動数を持っております。地球上の国家群も微妙に波動が異なり、特有の民族意識を作っております。

波動の特徴は同調、共鳴現象がおこることです。波動はオクターブで共鳴して複雑な共鳴波を作り、多種多様の情報を作り出します。

水は波動をコピーします。ルルドの泉の聖水や霊水と称される水は高い波動がコピーされたものです。波動の悪い水は浄水器を使用しても、味は良くなっても波動に変化はありません。飲み水は日本の山岳地帯から湧出した自然のミネラルウォーターが健康によく、外国産の水は日本人の肉体波動に合わないようです。人間は肉体の波動、精神（心）の波動、魂の波動と、三つの波動を持っています。肉体の波動は健康に関係があります。人間の肉体は一〇〇％、大地から発生した植物と、その植物を飼料とした動物体と水から構成されています。現住地の波動と同じ波動の食物、水が一番健康によいことは当然のことです。神は土地の波動とその上に住む人間細胞の波動と春夏秋冬の四季の波動に合わせて野菜や果実を作られております。また人間の肉体細胞は固有の波動を持ち、住んでいる土地の波動と同調しております。日本から遠い外国へ急に移動すると細胞の波動と行き先の土地の波動とにズレが生じて一時的に肉体に異常が起こります。それを時差ボケといいます。心の波動は知性、理性と人格を作ります。人間の心は大脳から発生する波動エネルギーで、精密な意識と情報を持っています。心で強く思うと念波という波動エネルギーが発射されます。電磁波と同じ特性を持って、発信、伝播、同調、共鳴、共振し、また、レーダーのように目標にあたって反射して元に帰ることがあります。仏教では「一念三千《いちねんさんぜん》」といっております。親切、奉仕、感謝、思いやり、明朗、素直な心は波動が細やかで神仏の波動に近く、その加護をうけることができます。心の波動は伝播されますので、良い心の人は自然とよい心の人と仲良くなり、よい人間関係のグループができて、相互に助け合い、物も豊か心も豊かな生活をすることができます。同じ波動の男女が結婚したとき幸せな家庭を作り、波動の異なる場合は家庭不和の原因となるようです。

心の波動の高い人は、人格者、心が広い人と言われ、魂の波動の高い人は徳のある人と尊敬されます。

怒り、憎しみ、恨み、心配、イライラ、クヨクヨ、不平不満、人の悪口を言うなどのときは心の波動が低下して、悪い心の人間ばかりが集まり、相互に騙し合い奪い合う悪の集団に入ってしまいます。悩み事などあって心の波動が低いとき神仏に祈ると、願いの波動は地獄霊に同調して、悩み、苦しみが増大することがあります。

あなたの魂の波動を高めるには、どうすればいいのでしょうか。

難しいことは全くありません。学問とか知識は必要ありません。ただ〝一人では生きられない。私は生かされている〟ことを認識し、そのことに対して〝ありがとう〟という感謝の気持ちを表せばいいのです。感謝することで魂の波動は上がります。実に簡単なことです。

アメリカでは、子供にまず初めに教える言葉は〝サンキュー〟だそうです。〝ありがとう〟の言葉を覚えることは人間としてのスタートであり、この言葉が意味する感謝の気持ちを持ち続けることが人間としての基本です。人間は一人では生きられず、相手がいて自分が生きられるのですから、相手との人間関係を最も良い状態にするには〝ありがとう〟の言葉が手っ取り早く、しかも有効です。

感謝すると同時に、奉仕の気持ちを忘れてはいけません。してもらうばかりではなく、してもらったらお返しをしなければいけません。でも、してもらった人にお返しをするというのは、これは三次元的なことで、本当の心の世界というのは四次元的なのです。ですから、してもらったからといって、その人にお返しする必要はありません。あなたの周囲の困っている人に奉仕すればよいのです。

3. 病気と波動

体が病気になる前には精神波動が低下しております。精神の波動に準じて肉体細胞の波動も低下します。

病気の大きな原因はバクテリア、ウイルスなどの病原菌に感染することです。ウイルスは生物ですので、それぞれ固有の波動を持っております。波動の振動数により、人体に有害・無害、強烈・弱い作用があります。ウイルスは人間より波動が低く、感染しても波動に差があれば、ウイルスを保菌してもそのウイルスは活動できません。人間の波動が心配などで甚だしく低下したとき伝染病にかかり易いようです。

徳川時代にコレラが大流行したとき、病人と同居してコレラ菌を口に入れた人でも、感染しない人が多数ありました。

昔、欧州で癩《らい》病（レプラ）患者は一カ所に隔離され集団生活をしました。その人々の世話をしたのが敬虔なキリスト教徒でしたが、病気に感染しなかったようです。

現在でもエイズ陽性の人で、すぐに発病する人と十年経過しても病状が出ない人があるようです。その人の心と肉体の波動が高い、低いによるものと思われます。

肉体波動が低いとき、体内に過酸化酸素が多く発生して細胞を酸化（サビさせる）し、老化させます。こんな時に癌が発生し易いと言われております。波動と癌には因果関係があるようです。

4. 植物と波動

植物は生命体で、意志と意識を持っております。花作りの名人や、篤農家といわれる米作りや野菜作りの達人がおられます。彼らの畑には農薬や化学肥料をほとんど使用せず、みみず、昆虫、バクテリアなどが共生しております。また、作る人の心の波動と野菜や花の波動が調和しているようです。

私の家には蘭のカトレアが二〇鉢あります。十年位前にもらった一株から増えたものです。今年は一株のカトレアが二十四輪の花をつけました。花屋さんで売っているものでも四輪から六輪の花をつければ上々です。出入りの植木職の人も驚きました。私は蘭作りの達人でなく温室の設備もありません。冬の寒い時は日当たりの良い廊下に入れますが、春から晩秋までは庭先に放置したままです。しかし花が咲けば「ありがとう」「美しいよ」と必ず声をかけることにしております。

昨年十月に買った鉢植えのコスモスが年を越し、一月中旬の今でも庭先で多くの花と蕾をつけて毎日私を楽しませてくれています。

植物には心があります。いたわり、思いやり、感謝の心を持って扱えば必ず多くの美しい花を咲かせて答えてくれます。

5. 波動と音楽

耳と心に快い響きをあたえる波動を音楽といいます。複数の音階の音の波動が調和したとき協和音として楽しく、調和しないときは不協和音となり雑音になります。よい音楽は乳牛に聞かせると乳の出がよくなり、植物は立派な花を咲かせ果実の発育がよいという実験があります。また、パンや酒、味噌の酵母菌の熟成にも効果があり、早く発酵して味もよくなるそうです。人間の胎児に良い音楽を聴かせることは胎教によいと言われています。クラシックやバロック音楽がよく、ロックやジャズはよくないようです。

魂の波動は霊性（感性、創造力、未来予知力）に関係があります。霊性（超能力）を求めて肉体修行をする人がありますが、肉体の波動は10^{20}ヘルツ前後であり、魂の波動は10^{40}ヘルツと大変波動が異なりますので、肉体から霊性を求めても成果をあげることは科学的に期待できないでしょう。霊性を高くするには、魂の波動を高くする以外に方法はありません。

人間には一〇〇％死期があります。死後の世界は波動の世界です。波動の上下によって地獄界、幽界、霊界、神界と厳格に分離して存在しております。死後の魂は自己の波動と同一の波動の場所へ自動的に移動します。最近は人の心が乱れて、死後、幽界や地獄界へ落ちる魂が多くなりました。

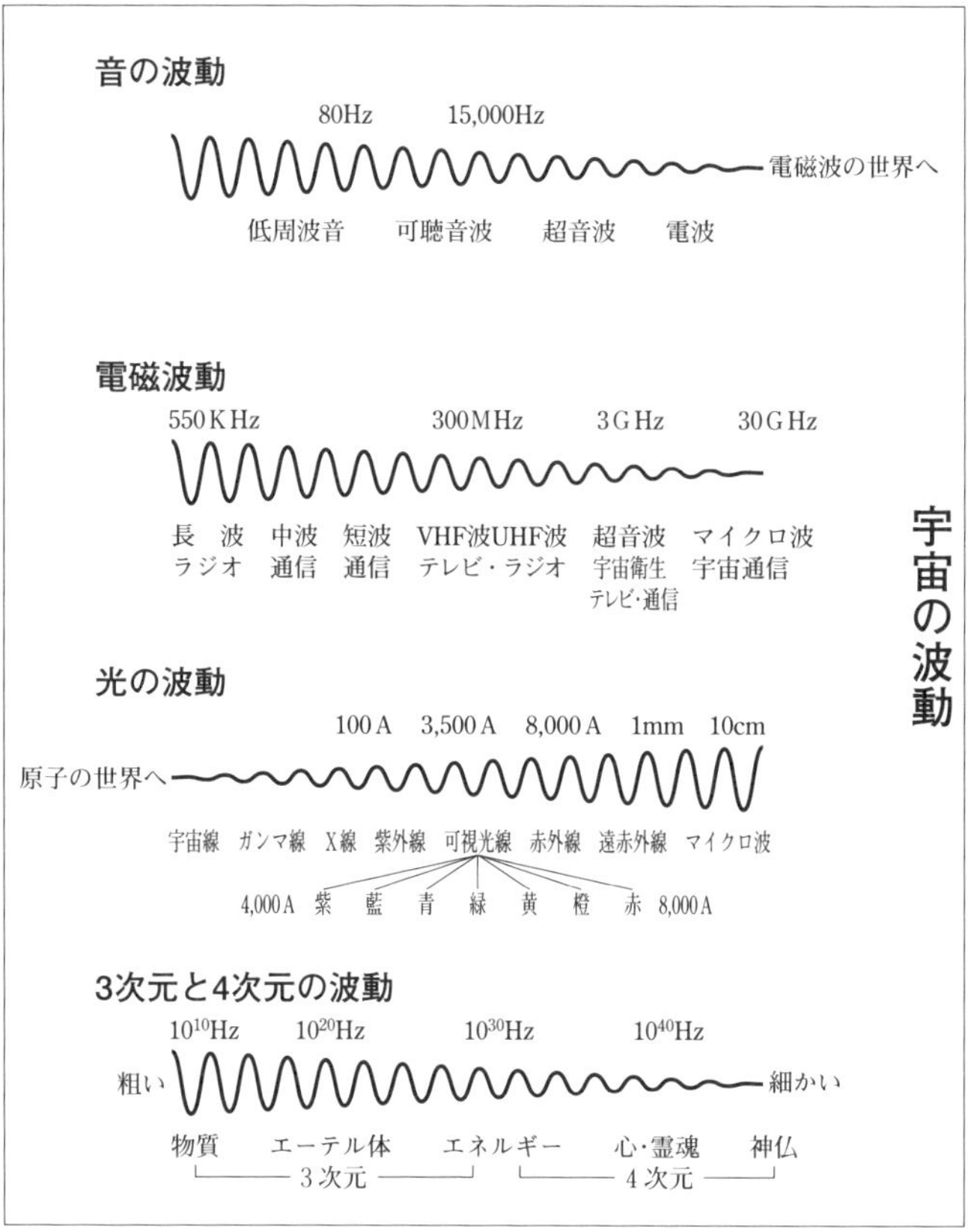
宇宙の波動
音の波動
80Hz 15,000Hz
電磁波の世界へ
低周波音 可聴音波 超音波 電波
電磁波動
550KHz 300MHz 3GHz 30GHz
長波 ラジオ
中波 通信
短波 通信
VHF波UHF波 テレビ・ラジオ
超音波 宇宙衛生 テレビ・通信
マイクロ波 宇宙通信
光の波動
100A 3,500A 8,000A 1mm 10cm
原子の世界へ
宇宙線 ガンマ線 X線 紫外線 可視光線 赤外線 遠赤外線 マイクロ波
4,000A 紫 藍 青 緑 黄 橙 赤 8,000A
3次元と4次元の波動
10^{10}Hz 10^{20}Hz 10^{30}Hz 10^{40}Hz
粗い
細かい
物質 エーテル体 エネルギー 心・霊魂 神仏
3次元
4次元

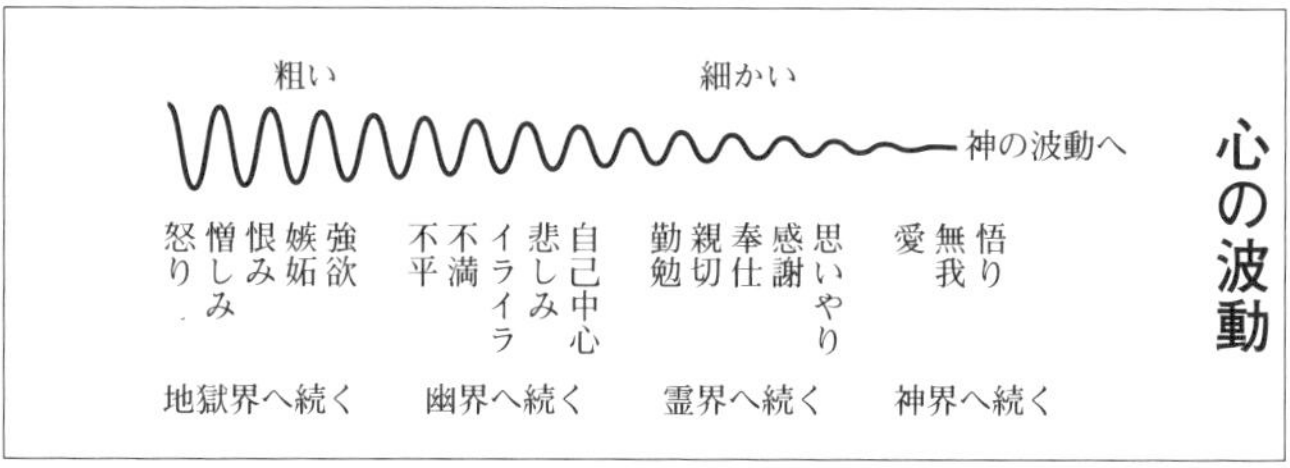
心の波動
粗い
細かい
神の波動へ
怒り 憎しみ 恨み 嫉妬 強欲
不平 不満 イライラ 悲しみ 自己中心
勤勉 親切 奉仕 感謝 思いやり
愛 無我 悟り
地獄界へ続く 幽界へ続く 霊界へ続く 神界へ続く

第４章　人間の主体は魂です

1. 魂とは

魂は次のように、いろいろの名称で呼ばれております。

日本、中国では「魂」「霊魂」「魂魄《こんぱく》」、英米ではスピリット（SPIRIT）、ソウル（SOUL）、ゴースト（GHOST）と呼んでおります。心理学者は魂や守護霊の存在に否定的でしたが、魂を無視しては心理的現象を説明できなくなったので、「主体」「本体」「存在」、「ハイヤー・セルフ（HIGHER SELF）」直訳して「上位自己」などと言っております。将来はエクサピーコ（EXAPIECO）が国際的な標準語になるようです。

魂と守護霊とを同一と思っている人もありますが、魂は胎児の時に入り、守護霊は本人が生まれてから一体となりますので、別々の存在です。

このように魂は人間の主体（主人）であります。肉体は魂を格納する運搬車であり、大脳は魂と肉体を連絡するコンピューターにすぎません。

魂は意識、意志、情報（データー）を持った波動エネルギー体です。宇宙の法則である究極の愛と調和の意識と意志を持っております。

魂の構造は、電子を持たない原子核（陽子と中間子のみ）が集合して複雑、精緻な球形をしております。

肉体内の魂の定位置は、胃の後ろにある太陽神経叢《そう》です。頭部ではありません。魂が感激、感動したとき胸からこみ上げてくるのは、魂が胸部にあるからです。

魂は脊髄液《せきずいえき》と淋巴液《りんぱえき》を通じて肉体と連携し、脾《ひ》臓をアンテナとして宇宙エネルギーを吸収しております。

魂はエネルギー体であり、エネルギー不滅の法則により永遠の生命を持っています。人間と霊界を学習をするため循環しております。これを「転生輪廻《てんしょうりんね》」といいます。

魂は中性で男女の別はなく、民族、国籍も関係ありません。先祖、親子、兄弟姉妹、みんな別々の魂で相互の連絡性はありません。親子、兄弟は顔や姿は似ていても性格は別々であるのは、魂が別々であるからです。夫婦の魂というのは五〇％ぐらいは過去に同じ夫婦だったといえます。しかし魂は、夫婦とも、親子とも、先祖とも関係ありません。怪しい宗教が〝先祖の魂が困っていますね〟とか〝先祖の魂を供養しないと駄目ですね〟とかいって人を迷わしていますが、魂のことを詳しく理解していれば騙されることはありません。先祖とは遺伝子を通じての血のつながり、肉体のつながりはありますが、魂のつながりはありません。人間以外の動物でイルカ、オットセイ、鯨は人間に近い構造の魂を持っているそうです。

仏教では万物すべて仏性《ぶっしょう》（仏の意識）ありといわれていますが、無機物の金（ゴールド）や空の雲にも意志があるようです。

2. 魂の波動

魂のレベルは、上は神仏から中位で人間、下位で地獄霊まで広い幅があります。

人間の魂の波動が高くなると信用、信頼、人格、尊敬、風格、貫禄などが現れます。

人間は肉体が持っている物欲、金欲、食欲、情欲、名誉欲、競争欲などの我欲が強いと心と魂の波動が低下します。波動が低くなると不幸、不運が発生します。

死後、肉体が無くなり我欲がゼロとなり究極の愛に目覚めたとき、人間は神仏となります。

最近、日本人は大自然の意識である「愛」と「調和」の心から大きく逸脱して自己中心、エゴ、限りなき自由と欲望、無責任が氾濫して政治、経済の混乱、家庭と学校の秩序の崩壊が進み、子供は純真を、青年は覇気と希望を、大人は生きる活力を失っております。地獄界の一部が地上に現象化しているようです。

魂については、ワールドサッカーがいい勉強になります。試合もさることながら、ブラジルやイタリアなどの熱烈な応援が印象的でした。人間というのは、生きているときには国家意識とか民族意識とかいうものが何かしら出てくるものです。各人の魂が爆発したときには、これはものすごいエネルギーになります。サッカーでの応援がそれです。

日本がワールドサッカーに出られてもなかなか勝てないのは、日本人の国家意識や民族意識の欠如が原因かもしれません。

3. テレポーテーション　魂の消滅

テレポーテーションとは、物質（生命体を含め）三次元世界から瞬時に異次元世界に移動、消滅することです。

地球上には幾千億の生命体が住んでおります。その「種《しゅ》」と数は、地球意識により何千万年も前から常に調和とバランスを保ってきました。その間に増殖しすぎた生命体は過剰部分が淘汰消滅させられました。

地球が収容できる人間の数は四十五億人です。現在、地球人口は六十億人ですので甚だしく定員過剰です。過剰人間は地球意識によってテレポーテーションをうけ消滅するかもしれません。その時、魂はクオークに分解され宇宙空間に戻されるようです。消滅される人間と残される人間の選別は心の波動のレベルによって区別されるかも知れません。今後は「エゴ」「自己本位」「物や金の欲望」が強すぎて波動を低下させないよう注意することが必要です。

今世紀末には多くの光の天使が天上界より地上に派遣されました。すべての天使は人間に「洗心《せんしん》」……欲望を捨て心を清く正しくすること、を教えております。

4. 超能力は霊の四次元的能力

魂は本来、四次元的意識体です。人間と一体となっているときは大脳をコンピューターとして使用して、三次元の意識と情報のやりとりをしております。四次元世界は理論、数字、物質、時間、空間、距離、重力のない世界です。聖書には二千年前に現在の世紀末予言が記されてありますが、四次元世界では過去、現在、未来が一点に集約されております。般若心経では「観自在菩薩《かんじざいぼさつ》」（過去、現在、未来を見通すことの出来る聖者）といっています。また、オウムの信者は身体を空中に浮揚させる修行を毎日しているそうですが、四次元世界へ行けば重力がありませんので、すべてのものは空中に浮揚しております。次元の相異は宇宙の物理現象です。これを無視して努力しても成功することはないでしょう。

四次元世界の現象を三次元の目で見ると、すべて超常現象と感じますが、四次元世界では普通の現象です。超能力を求める前に、三次元、四次元の相異をしっかり認識することが必要です。人間は肉体を持ったまま四次元世界に入ることは出来ません。肉体を離れた意識体となって行くか、守護霊を仲介者として情報を入手する以外に方法はありません。

未来予知力、テレパシー（心を読む）、チャネリング（霊界通信）は魂の持つ能力です。

心霊治療と称する病気治療は、健全な精神を持つ人間の精神エネルギー「気」を利用したもので、現在は「気功」といっております。またスプーン曲げは「念《ねん》」のエネルギーの物理的現象で、どちらも神は関係ありません。インドの聖者と称される人が行っている「物質空中現出」は、私はマジックだと思っております。

一部の宗教修行者は「断食」、「滝行」、毎日深山を駆け歩くなど肉体を極限までいためて霊能力を求める人がありますが、精神や肉体が極度に緊張すると心の波動が低下して地獄霊と同調、憑依される危険があります。山伏修験者の中には邪霊に憑依されて悲惨な運命をたどる人があるようです。

人間は本来、特殊能力と偉大な英知（摩訶般若《マーハーパーニア》）を秘めております。肉体から発する物欲、金欲、食欲、情欲と精神《こころ》から出る怒り、恨み、憎しみ、心配、イライラ、クヨクヨの心が超能力を阻害してきました。明るい心、親切な心、感謝する心、謙虚な心、素直な心で生活すれば英知は輝き、その能力が発揮されます。

5. 死は恐怖ではない

人間の肉体は車のように耐用年数があり、いつかは壊れてしまいます。神は人間の肉体の耐用年数を一五〇年にして人間をつくりました。しかし、だんだん食料、水、空気、大地が汚染され、また、ストレスが生まれるようになって寿命（耐用年数）はどんどん下がっていきました。

この耐用年数を迎えると、ほとんどの人が好むと好まざるとにかかわらず壊れてしまい、それを死と呼ぶわけです。しかし、魂が死ぬわけではありません。ここを、しっかり押さえておいて下さい。

すべての人は必ず死期を迎えますが、そこですべてが終わりではありません。ここで大転換があるのです。

その大転換とは、三次元世界という有限な枠の中に閉じ込められていた人間が、その枠を取り払った四次元世界という無限の世界に飛び立つことができるということです。それが、死というものです。ですから、死を恐れるのは大きな勘違いなのです。

ですから、若い人や子供は別にして、六〇歳ぐらいで仕事を一応終えた人は、死というものを恐れないで下さい。「生」は人生の始発駅です。そして「死」は、人生の終着駅であると同時に、次の新しい世界の出発点でもあるのです。

肉体はなくなっても、霊魂は四次元世界に行き着きます。このことを知らないで四次元世界に入ると苦労することになります。そうならないように、魂はどのようになるのか、肉体と魂の関係はどうなっているのかを認識しておくことが肝心です。

肉体の中には、幽体という肉体とそっくり同じものが収まっています。その幽体は四次元世界のものですから見ることはできません。肉体は幽体から生命エネルギーをもらうのですから、肉体から幽体が取り除かれてしまったら肉体は単なる肉の塊と化してしまうのです。

医学界では脳死とか心臓死などと言われていますが、実際には魂が肉体から離脱して霊線が切れたときが死なのです。霊線というのは魂と肉体をつないでいる極細の銀色の線です。

肉体から魂が離脱するのにかかる時間は、一〇～三〇分ぐらいです。離脱の瞬間のときの本人の魂の感覚は、ほとんどの人（五〇％程度）がまっすぐのドームの中を非常に高速で通過するようだと感じます。とはいえ、驚くことはありません。肉体から魂が順調に離脱しているときが、この感覚なのですから。

強く言いたいことは、まず死は恐怖ではないということで、三次元よりももっといいところへ移行するのだと考えてください。なかには地獄へ行って修行しなければいけない人もいますが、それもその人の意識（波動）次第です。その人が地獄へ行かなければならない状況を自分でつくって勝手に行ったということです。こうしたことや霊界、四次元世界のことを理解している人はすんなりと四次元世界へ行くことができます。

さらに、このような人は自分が死んだその日のうちに、自分の亡骸《なきがら》と対面して〝ああ、死んだな。安らかに死んでいるな〟と感じ、家族が悲しんで泣いているのを見ても悲しみません。なぜなら、死んでいるのではなく魂として生きているからです。単なる〝永の別れ〟というだけのことなのです。それからしばらくして、迎えの案内人が来ていることに気づきます。その案内人を派遣したのは、人間が生まれるときも死ぬときも管理してくれている神界の諸天善神です。

私達の肉体的な命の初めから終わりまでを諸天善神が計画・企画していて、あなたの命は、あなたのものではありません。単に肉体的な命を魂と一緒に預かっているだけなのです。だから、自殺というのは自分の命でもないものを壊すわけですから大変な罪悪で、死後地獄へ落ちて苦しみが大きいのです。

肉体が死んで魂は四次元世界に行くわけですが、四次元世界では波動の高・中・低で自動的に分けられてしまいます。グループ別に「大自然の法則」や〝欲の修正〟〝物質的意識から精神意識（魂意識）への移行〟などを学習し終えてから霊界に入るのです。

霊界は、極楽の世界です。幽体なので肉体はありませんから、食べる必要なく、病気にもなりません。まさに極楽です。霊体は男性は三〇代、女性は二〇歳前後の人間として最も美しく健康なときの姿です。その姿で自由に楽しく暮らせます。地球にあったものはすべてここにありますから、麻雀もゴルフも囲碁も将棋もでき、花の好きな人は花園で栽培もでき、動物好きの人は動物を飼えます。

何でもできる世界ですが、ここがあなたの最終目的地だとは考えないで下さい。できれば神界へ上がって、諸天善神にまで向上してもらいたいのです。そこには多くの行政官がいて、全宇宙の行政をつかさどっています。行政の仕事は、人間、動物などすべてのものの管理をすることです。

以上が、人間の死後の世界です。

死は恐ろしいことではないことなど、死んでから覚えることを生きているあなたにお教えしたのです。このことを知って毎日を送っていただきたいと思います。

《ミイラ復活騒ぎ》

「ライフスペース」や九州の「オカルト塾」のミイラ騒ぎがありました。ミイラ化した人間が生き返って復活する思想は四千年以上昔にエジプトにありましたが、二十世紀にそれを唱えて信ずる集団があるとは驚きです。

魂は永遠に不死ですが、肉体細胞の生命は有限であり、死んで生命機能を失った肉体に魂が戻って生き返ることは全くありません。

6. 死後の霊魂

《死亡直後の魂》

魂が肉体から完全に離脱したときが人間の死です。脳波死や心臓死ではありません。

死の直前、魂は親しい人に別れを告げるため、肉体から離れて遊動することがあります。そのとき魂と肉体は霊線という細い糸でつながっております。

ほとんどの人は死の直後、自分が死んだことを理解しないようです。死んだ自分の肉体と、その傍に立っている魂の自己を同時に見るので、正しい状況判断が出来ないからです。死後の情報を持っている人には霊界から迎えの天使が来て、霊界へ案内して行きます。死んだら終わりだと思っている魂は、本人が自覚するまで浮浪霊となって幽界で迷っております。

死んだらあの世へ行くということは、徳川時代まではほとんど常識として受け入れられていましたが、明治以降になると物質万能時代、科学万能時代になり左脳の知識が発達しすぎて、見えないあの世のことを分からないとか、そんなものは無いとか、迷信だとかいって否定する人が多くなってきたと思います。

ヨーロッパやアメリカでは、ほとんどの人が、天国や地獄といった四次元世界があって死んだらそこへ行くということを納得しています。

日本ではあの世についての認識が不十分だというので、丹波哲郎さんが菩薩界から下りてきた光の天使となって、日本人にあの世があるということを知らせているのです。丹波さんの本職は俳優ではありません。本職は、人間は死んでも終わりではなくあの世があり、あの世のためにいま生きていることなどを知らせることなのです。

創造主はすべての人をつくりました。あの人は幸せに、この人は不幸にしようなどというようにはつくっていません。しかし、人によって格差が出てきます。なぜかというと、転生輪廻する間にその人が努力するかしないか、真面目にやるかやらないかによって格差が出てくるわけです。ここでいう格差とは、良い悪いではなく魂のレベル、人間のレベルでのものです。

ですから、格差が出ても、また生まれてくるときには格差を忘れて平等にするわけです。格差を消すのではなく、平等にしてゼロから出発させるわけです。そのようにして何回も何回も本当の修行をさせるために、過去の記憶は封印します。

ところが、よくあることですが、霊能者と称する者が「あなたの前世はどこそこの何々です」とかいって、お金を要求するといったことが見受けられますが、あれはルール違反です。わざわざ記憶に封印してあるのですから、それをことさら知らせるということはルール違反なのです。聞きたいという思いに駆られますが、修行の妨げになる以外のなにものでもないというので、天上界ではそのようなルールになっているのです。

人間の魂の波動はいくらでも上がるようにできています。これより上がらないなどということはありません。自分の意思で上げるか上げないかは決めるようになっています。

地球上の神様とか仏様と呼ばれるのは、九〇％までが元人間で、あとの一〇％は異星人といわれるもので、地球上には生まれなかったけれども他の天体に生まれた方です。人間と全く同じです。ということは、あなたもある時期になったら異星、他の星へ転生輪廻するかもしれません。

もう人間は地球と天上界だけの転生輪廻をするのではなく、天上界に上がって諸天善神クラスになると地球には来ないで他の天体へ行くという自由もある程度持てるようになるのです。

私たちが三次元と四次元という世界を循環していくということは避けられないことです。魂の生命は何千年とあるわけですから、何回も何回も転生輪廻をしてきます。つまり、勉強するために学習するために、地球上という道場へ来るというわけです。

しかし、このことを知らない人は地球上で生きている間は食べるために来ているのだ、人生楽しむためにあるのだという考えに陥ってしまうのです。食べるな、楽しむなとは言いませんが、それらが目的ではありません。

このことをはっきり認識してください。何度も言いますが、私たちは自分の魂を向上させるために下りてきているのです。

人間は永遠の生命を持って、魂を向上させるためにこの世とあの世を流転しているのです。

向上する魂もあれば地獄へ落ちる魂もあるわけですから、昨日一日、今日一日、明日一日が、あなたの未来をつくっていくことを知っておかなければなりません。

7. 臨死体験

私は六十歳まで、会社経営のノウハウを追求して仕事一筋にやって来ました。六十歳で病気になり大阪大学病院に入院しましたが、病名も原因も今もってわからないままです。

まず、発熱が一週間ほど続きました。夕方になると熱が出はじめ、夜半には四〇度以上になり、朝になると平熱に戻るという症状です。それが止まると、血便が一週間続き、しまいには血液だけしか出ないようになりました。あらゆる検査をし、開腹手術を二度も受けましたが、原因不明のままです。

二度目の手術の何日か後、ベッドでもうろうとしているとき、私は「ご臨終です」という医者の声を聞きました。目を開けても真っ黒で何も見えません。声はよく聞こえ、香りもよくわかるのですが、声は出ず、見ようとしても見ることができず、すぐに意識がなくなったようです。次に聞こえたのは、家族と会社の人達が「葬儀場はどうしようか」という相談でした。この声は、肉体でなく魂が聞いていたようです。

それから、どれぐらい時間が経ったかわかりませんが、次に私が聞いたのは四次元世界の声でした。二～三人いるようですが、そのうちの一人が「この者の命は終わった」と言いました。すると別の声で「ちょっと待って欲しい。この者にはまだ使命が残っているから、今死なすわけにゆかない」と言い、それから何か、がやがやと互いに意見を言い合っている声が聞こえました。生命の終焉を告知した神の声は、重々しい感じでなく、事務的ですが確信に満ちた声でした。最近わかったのですが、死というのは神が管理しており、死を宣告する神がいるようです。本当の死は、三次元の肉体で決まるのでなく、四次元で決まるということです。

「まだ使命が残っている」という声を聞いて、私は「ああ、そうだ。すっかり忘れていた」と、魂の記憶が思い出したのです。私の魂は、人々に大自然の法則を教え、各自の魂の向上をはかることを教える使命と目的をもって地上に転生輪廻して来たのに、六十年間、事業と仕事に没頭して、本来の目的をすっかり忘れていたのです。このまま生命を失い、何も使命を果たさず霊界に帰ることを考えたとき、身体がブルブル震え、私は跳ね起きました。死を目前にして、やっと本来の使命を思い出し、目覚めました。不思議なことに、目覚めてから病気の症状が全くなくなり、一カ月後、原因不明のまま退院しました。

退院までの一カ月で、「商売は金儲けだけで終わってはならない」と思って病院で書いた本が「大自然の法則と経営理念」という本であり、退院後、「人間は何のために生まれて来たのか」という本を書きました。どちらも、参考書など全くなく、また本の中に聖書の言葉がよく出てきますが、私は一度も聖書を読んだことがなく、現在も聖書を持っておりませんが、原稿を書いていると、昔からよく知っていたように感覚で聖書の文字がスラスラと書けました。これは守護霊が書かせたようです。

私は天上界から持ってきた自己の使命を果たすため、会社の社長を辞めることにしました。当時は年商二五〇億円、社員四五〇名で純利益もそこそこありましたので、社員はじめ、銀行や取引先の人達は不思議に思ったようでした。しかし、こんなことを話しても誰も理解できないと思い、健康上の理由ということにしておきました。そして三ヶ年かけて会社を大阪二部市場に上場してから、会社から引退しました。

私はお金儲けから一切手を引き、大自然の法則と心の波動を上げる講演活動に没頭しました。

この運動をするに際して、守護霊は二つの契約を私に求めました。第一は「組織を作らないこと」、第二は「この運動でお金儲けしないこと」でした。私も同感でしたので、現在もこの約束は守り続けております。

8. 魂はこの世とあの世を流転し続けている

魂はちょうどエンドレステープのようなものです。今日は初めかもしれませんが、終わりかもしれません。そして、終わりはまた初めかもしれません。

これは世の常といえるかもしれません。今日、子供が生まれたといって喜び、明日、肉親の死を哀しむといったことがあるものです。しかし、この喜びも哀しみも、魂の長い遍歴の一瞬一瞬にすぎません。その魂の遍歴の過程の中で修行・学習して神や仏にまで向上する者もいれば、地獄へ転落して悶え苦しんでいる者もいたりします。

このように、私たちは永遠の生命を持ってこの世とあの世をグルグル回る旅をしているのです。これを転生輪廻といいます。誰もがこの転生輪廻という旅から離れることはできません。

肉体は物質ですから、老化し、ついには大地に帰っていきますが、魂は永遠の生命を持っています。

魂は、なぜいつまでも生き続けることができるかというと、先ほど述べたように魂は神にも仏にもなれるからです。神の世界を目指して、魂は意識と意思と情報を持って学習するのです。自らの波動を高めるために、何百年、何千年もかけて学びます。

三次元の人間の体に入って、人間が死んだら四次元世界の霊界へ帰り、また人間の体に帰って循環しながら学習するのです。
あくまでも人間の主体は魂で、肉体と大脳は魂の学習のための援助を担っているという
ことを知っておいてください。
魂に男女の別はありません。魂が人間に入るとき肉体は男女の別はありますが、魂は同
じ構造ですから男女の別はないということです。肉体が死んで魂が霊界へ帰って、一〇〇
〜二〇〇年ぐらいは肉体を持っていたときの記憶が鮮明にありますから、女性なら女性と
いう記憶、男性なら男性という記憶を魂が持っています。
ですから、死んで魂になってしまったら男性も女性もないのですが、記憶が残っていま
すので、四次元世界は想いの世界ですから想うとおりになります。死後一〇〇年くらいは
魂だけの姿ではなく、女性は女性の姿、男性は男性の姿で霊界ぐらいまではその姿でうろ
うろしています。しかし、菩薩、如来界に行きますと服は着ておらず、男女の別はなくて
光の玉だけです。
魂は男女の別がないだけでなく、民族・国籍の別もありません。肉体がある時は民族・
国籍はありますが、魂になったときは四次元世界すべてが同じですから区別はないのです。

なにしろ、魂の世界では魂同士の意思が通じ合いテレパシーで通信しますから、言葉は必要ありません。

9．幽界と地獄界

幽界は地上と重複して存在しておりますが、次元が異なりますので別世界を構成し、波動は地上より低くなっております。厚い雲に覆われた暗い曇天の日のようで、遠くを見ることは出来ません。幽界には多数の霊魂が往来しておりますが、相互でテレパシーで連絡することはほとんどなく、すべて他人同士で各自単独行動をしております。幽界と地獄界は一部で隣接しており、地獄の入口に近づくに従って光がなくなり周辺が暗くなります。

死後の世界は四次元世界で、地球と重複しております。幽界は地上と同じ場所にあります。地下一〇キロまで地獄界があり、地上八〇キロまでの上空に霊界、神界、菩薩界、如来界があります。すべて四次元世界で物質、時間、空間、距離、重力がありません。波動の上下によって厳格な縦割制度が作られております。人間は死後、生前の心と魂と同じ波動の場所へ移動します。

近時、地獄へ落ちる霊が多くなっております。殺人などの重犯罪者のみでなく、生前インチキ宗教に騙された信者が改心しないまま地獄へ来るようです。

三千年前に神はモーゼに十戒を示して邪宗教から離れるよう注意されました。

一、汝ヤーベ以外の神を拝むなかれ（ヤーベとは天地創造主のこと）

一、汝偶像を作って祭るなかれ

一、汝みだりに神の名を呼ぶなかれ

神の注意に耳をかさず、インチキ宗教に走る信者が地獄に落ちるのは当然といえるかもしれません。「おかげ」を求めて我欲の虜となり邪宗教に騙されている信者は、一日も早く目覚めることです。

〈地獄界〉には針の山や血の池があり、怖い赤鬼、青鬼が亡者を責めているという話がありますが、実際は何もない波動の低い暗黒の世界です。波動の上下により何層もの横割構造となっており、魂は自己の波動と同じレベルの場所で、自己の犯した罪悪を自己が被害者の立場で体験させられる夢を永遠に見続け、苦しんでいるのです。地獄の苦しみから離脱する方法は、本人が心から反省、改心して被害者に謝罪し、神にお詫びすることですが、これに気付くには何十年もかかるようです。それより生前、地獄に落ちないよう注意することが必要でしょう。

10. 霊界

〈霊界〉は俗に天上界、極楽《ごくらく》といわれております。光が溢れ、美しい花が咲き乱れております。四次元世界は意識と波動の世界です。現実に花や光があるのでなく、霊界の波動と霊魂の意識がイメージとして感じるのです。

霊界の魂は肉体がありませんので、食べる必要がなく、働く必要がなく、肉体が無いので病気にかかることもありません。男子は三十歳位、女子は二十歳前後の一番美しい姿で永遠の生命を持っております。聖書には「老いることなく永遠の花園に遊ぶ」と書いてあります。

霊界で遊びほうけることなく修行を積み、波動を向上させて神界へ上がり諸天善人となるコースを選ぶ霊もあります。守護霊はこれらの霊から選ばれて人間界へ下りて来て、人間をリードしつつ修行をしているようです。

霊界の魂は性別、国籍、人種、言葉はなく、テレパシーで意志を通じ合います。魂と魂の直接通信ですので嘘は全くありません。

生まれる前に死亡した胎児の霊は、すぐに霊界へ上げられます。霊界には水子としての霊は存在しません。従って水子供養などの必要はありません。

生前に文筆家、教育者、宗教家などであった霊魂は、霊界から自己の波動に似た人間に霊界通信を送ってくることがあります。受け取った人間は神の告示と誤解することがあります。神界以上の神が人間に直接通信を送ることは原則的にありません。インチキ宗教家は「神の声」「天の心」と言って信者を騙していますが、地獄霊の声か自作自演の詐欺行為のように思われます。

11. 浮浪霊、憑依霊、地縛霊、地獄霊

通り魔殺人、誰でもよい殺人など、目的の無い凶悪犯罪が発生しております。犯人の一人は耳元で「殺せ！　殺せ！」という声を聞いて殺人に走ったと言っております。犯人の単独行動でなく、本人を操る見えない陰の存在があるようです。

信じられない、理解できない話ですが、情報として聞いてください。

人間の心の波動と死者の魂の波動が偶然一致して、同調、共鳴現象を起こすことがあります。本人の意志と別人格の性格を併せ持った行動をします。一般的には精神錯乱、狂気（きちがい）と言っており、精神医学では二重人格症、サイ科学では憑依といいます。精神病院に入院している患者の過半数は憑依患者です。

憑依する霊魂には、幽界の浮浪霊、地獄界の浅い場所にいる地獄霊があります。

浮浪霊に憑依された人間は黙ってふさぎ込む「うつ」の状態が多く、自殺など内向的行動をします。地獄霊の憑いた人間は大声でどなる、暴れる「躁《そう》」の姿となり、殺人、傷害など外向的となります。

私は十年以上の間に約一千人近い精神錯乱の人間から霊を分離、除霊して、正常な人間に戻しております。

除霊するのに大声で読経したり、護摩を焚いて霊を追い出す霊能者がありますが、憑依霊はその場から離れてもまた戻って来ますので、効果はありません。狐がついていると患者を煙攻めにしたり、棒で叩いて信者を死に至らしめたインチキ教団もありました。

私は霊を一人一人説得して、霊界へ上げております。日数は十四日位かかりますが、戻って来ることはありません。

日本の医学界でも憑依現象を迷信視せずに、サイ科学的に真面目に精神錯乱、二重人格問題に取り組めば、日本の精神病者はすぐに半減すると思っております。

別紙の一覧表（図表）は、私が平成二年から十一年までに除霊した男女別、年齢別の記録です。平成二年以前にも三百名位の除霊をしておりますが、記録を紛失しましたのでリストから除外しました。

浮浪霊に憑依されるのは、ほとんどその人間本人に原因があります。

日本は物は豊かになりましたが、過度の自由主義と自己中心主義で人々の精神は荒廃して、心の波動の低い人が多くなりました。心の波動が幽界の波動まで低下すると憑依されやすくなります。

除霊しても、本人の波動が低いままだと、別の浮浪霊に憑依されることがあります。二度憑依された人は五十九人あり、甚だしいのは三十代の女性で九回も憑依除霊をした人もあります。

憑依されるのは二〇歳以上の成人が普通ですが、最近は年齢が低下して十四歳位で憑依されることがあります。私が扱った最年少者は四歳の女の子で、急に大人の男子の太い声でヤクザ言葉を発して、両親や幼稚園の先生が困り果てて相談に来られました。憑依した霊が慌て者で、間違って幼児の魂と同調してしまったようでしたが、すぐ除去して解決しました。

珍しい例として、死者の霊魂どうしが同調してからまって、幽界で動けなくなり、霊界へ上がれなくなりました。この魂は大正、昭和時代の著名な小説家K・S氏で、からまっている魂はS家に同居していた詩人の魂でした。これを霊視したのが有名なタレントで優れた霊能者のA・Mさんでしたが、うまく処理ができませんので、K・S氏の娘さんで現在でも文筆活動をしておられるA・Sさんより私に依頼がありました。難しい処理でしたが、うまく二つの魂を離して二人とも霊界へ上げることができました。

あまりよく知られておりませんが、地縛霊《じばくれい》の霊障もあります。

地縛霊は古い墓地にいる霊と、古戦場でまだ戦闘を続けている武士の霊があります。

二百年以上昔の墓地は現在ほとんど宅地化されて、墓は撤去され、住宅となっております。原則的に死者の霊は成仏して霊界へ上がり墓には入りませんが、ごく稀に誤った情報で本気で墓に入り、そのまま霊界へ上がらない霊があります。ほとんど女性が多く、二～三名から数名の小集団で居ります。地縛霊はその土地の先住者であり権利者でありますので、後から侵入してきた人間を排除しようとします。霊エネルギーはあまり強くないので、幼児や病人、老人など弱い人が霊障をうけます。神経系統に被害をうけ、「てんかん」や「パーキンソン病」、「全身アトピー」など原因不明の難病になります。その土地から避退することが一番簡単ですが、知らずに後に来た人が被害をうけますので、私は地縛霊を説得して地下から霊界へ上げるようにしております。小さな住宅建築から大規模の土木工事まで、工事前に地鎮祭をして土地に関係する霊魂を鎮めることが必要です。

　厄介な霊障に怨念霊エネルギーによる霊障があります。何十年から何百年も昔に虐殺、惨殺された女性の怨みの強烈なエネルギーが加害者の直系の子孫に長年月にわたり霊障を与え、何も知らない子孫の人々が悲惨な被害を受けております。私が扱った長期の例は、鎌倉時代から昭和まで六百年にわたり特定の家系の女性のみに大きな障害を与えてきました。明治から昭和まで、記録残存の調査のみで百人近い女性が被害を受けておりました。

この女性（霊）の怨念エネルギーを鎮めるのに数年かかりました。現在この女性（霊）は小夜《さよ》姫という名前で私のアシスタントとして憑依霊の指導をしております。最近の怨念霊の浄霊は、私が説得するより小夜姫に任せた方がうまくはかどるようになりました。

怨念霊は無差別に弱い者に被害を与えます。最近扱った例では、三歳の幼児（女）が昼夜を問わず寝るとすぐ目覚めて「お口がこんなになった！　お目々がこんなになった！」と泣き叫ぶのです。醜悪な容貌になった夢を繰り返し見させたようです。この霊の怨念エネルギーは、鎮めるのに三カ月位かかりました。

日本では最近、地獄霊の活動が活発になっております。浮浪霊は目的なく、波動の同調のみで憑依がおこりますが、地獄霊は単独でも集団でも、一定の目的を持って精神の憑依活動と物理的な破壊活動をする危険な集団となりました。日本の宗教の八〇％、マスコミ界、教育界の過半数、そして一部の政治家と公務員は地獄霊に魂を売っております。

独立国には、それぞれその国家と民族を守護する先祖の高級霊団（神）があります。日本も二千五百年以上、この神々によって守護をうけてきました。戦後、憲法二十条により神と国家、民族は分断され、正しい日本の神々は去って、日本の霊界は地獄霊に占拠され無法地帯となりました。これが三次元の地上に投影して、人の心は乱れ、政治、経済、教育、マスコミ界に混乱がおこっています。前述の通り魔殺人事件、神戸で小学生の生首を校門にさらした事件、オウムのサリン無差別殺人など凶悪、怪奇犯罪にはすべて地獄霊が関係しているようです。地獄霊には反省する、改心する能力がありません。何度でも犯罪をおかします。犯人を裁くとき、精神鑑定医や裁判官が二重人格の片方部分だけ見て心神喪失症と誤った判断をして犯人を無罪にしたとき、再び犯罪をおかす危険があります。

また前述のように、日本の宗教界は八〇％くらい地獄霊に占拠され、新興宗教の多くの二代目、三代目教祖とその盲信者たちは、ほとんど地獄霊に憑依されております。最近、宗教の指導者や幹部、信者で死後、地獄へ落ちる魂が増加しております。現在、地球意識（創造主）により過剰人類の淘汰が始まっております。地獄霊に操られた人間達の魂は地獄に落ちる前に淘汰され、クオークに分解され、宇宙空間に散布されて消滅するかもしれません。

平成２年から平成11年９月末までの除霊

１回目の除霊	男	女	地縛霊・怨念霊
20歳未満	43	38	51
20～29歳	48	51	
30～59歳	122	171	
60歳以上	26	84	
年齢不詳	51	74	
合　計	290	418	

２回以上の除霊	
２回	59件
３回	12件
４回	5件
５回	0件
６回	1件
７回	2件
８回	0件
９回	1件

延べ総数：882件

第５章　あなたが作る、あなたの運命

1. 未来は待つものでなく、創るもの

運命は偶然でなく必然です。運命は非科学的で偶然に作られたと思っている人がありますが、運命は原因があって結果が現れる現実です。

私達が住んでいる三次元世界と四次元世界は表裏一体に重なり合っております。人間はこの二つの世界に同時に居住しております。あなたが強く想《おも》ったことは「念《ねん》」というエネルギーとなり四次元世界にインプットされます。「念《ねん》」は未来情報を持ったエネルギーで一定の期間を経て順次、三次元世界のあなたの身辺に現象化してゆきます。これが科学的な運命発生のメカニズムです。

あなたの運命は生まれる前に一部決定されております。それは何処の国へ生まれるか、

男女どちらの性になるか、どんな両親を選定するか、といった事で、魂が地上へ下りる前に決定されます。二十歳までの運命は両親にコントロールされます。成年になってから死ぬまでの人生の運命は本人自身が作ります。過去の言動が現在の運命を作り、現在の個人情報が未来の本人の運命を作るのです。このように、あなたの運命は、あなた自身によってコントロールされます。社会や他人のせいではありません。このように運命は過去の本人の情報によって現在に結果が現れております。

運命の原因になる情報は数多くあります。大きな原因に国家の法律があります。法律に大きく違反すると個人の運命に大きく影響をします。しかし法律を超えて人間に強い影響力のあるのが宇宙創造主が作られた大自然の法則（ルール）です。一億年以上前に創造主が地上に生命体を作られ、その生命を永遠に生き続けるためのシステムがこのルールです。特に「共生の法則」と「絶対愛の法則」は「生命の法則」といわれています。

人間を始め動物、植物など、すべての生命は太陽、空気、水、大地など自然の恵みによって生かされ、また、すべての生命を生かしている原点が太陽の無限の熱と光です。私達は謙虚に感謝しなければなりません。あなたが自分一人の力で生きているのでないことを自覚することです。

自然の法則のルールは人間の幸、不幸を作る運命の原点となっております。

このルールの存在や内容を知らない人が多いようです。宇宙の大神の作られた生命の法則に無知では幸運は望むべくもないでしょう。

2．運命のシナリオ（台本）は自作自演

人間の一生は舞台で演じられるお芝居のようなものです。勿論シナリオがあります。その大部分はあなた自身の創作ですが、一部分はあなた以外のものによって書かれています。この部分を宿命、天命といいます。宿命とは生まれてから二十歳位までの間をいい、死ぬ時を天命といいます。成人期の五〇～六〇年間の運命は原作者も主役もあなた自身です。よい芝居にはよい台本が必要です。台本のない演劇は、風に散る落葉のように目的も安定もない人生劇場となるでしょう。

台本は一生の運命設計図です。家を新築する前に間取りを描くのと同じです。台本の内容によって未来の幸、不幸が作られます。「調和」「共生」「親切」「愛」「感謝」「謙虚」

「明朗」な内容の台本から幸運が生まれ、「エゴ」「足ることを知らぬ欲ぼけ」から不運が発生します。

台本は何度でも書替え修正ができますが、ソフト化すると変更できません。

台本だけ完成しても希望に終わって、運命は開拓できません。台本に従って毎日努力しても成功しないでしょう。この台本からソフトを作ることが必要です。どんな高性能のコンピューターでもソフトが無いと動きません。人間を行動させるにはソフトが要ります。よい台本があり、それを元にして出来上がったソフトがあなたの運命を作るのです。ソフトが潜在意識にインプットされ固定されると、ソフトに従って人間の肉体は無意識に行動してソフトの内容を完成させるのです。苦労も努力もしなくても勝手に運命は突き進んでゆきます。そして、あなたが知らないうちに運命ができ上がるのです。はじめに良いソフトを作るか悪いソフトを作るかで未来の運命を決定的にしてしまいます。ただ努力することと、成功することはあまり関係がないようです。

「怒る」「憎む」「怨《うら》む」「嫉妬《しっと》」「悪口」「心配」「クヨクヨ」「イライラ」の心は知らず知らずに不幸のソフトを作ってしまいます。このソフトができたら、もうお手上げです。

日々悪いことが積み重なって悪い運命の中に落ち込んでゆきます。

以上が個人の運命についてですが、次に、日本という国家の運命について簡単に見ていきます。

昔は日本は経済大国と言われていましたが、いまでは日本は不況大国、借金大国となり、非常に暗い方向に向かっています。その原因の一つとして、日本人の意識と精神的波動がかなり低下していることが挙げられます。

「人間は神の子」といわれることがあります。何故こういわれるのかというと、神の証《あかし》といわれる良心、理性、正義、義務、責任、礼儀、躾《しつけ》といったものを人間が備えているからです。ところが、一部の日本人はこの証《あかし》をすべて捨ててしまっています。神の子ではなく、エゴの野獣と化してしまったのです。その上に、日本人は国家と民族の誇りすら捨ててしまいました。このままでは日本は独立国家の地位と尊厳すら失うかも知れません。

「歴史は勝者によって作られる」ことは歴史上の定説です。しかし戦後日本は左翼的歴史学者と一部のマスコミによって、明治の半世紀の日本の近代歴史は明るい部分は抹消され、暗い部分のみ誇張拡大されて国民に教えられました。戦後生まれの日本人は自国の正しい歴史を知らない人が多くなりました。

明治時代には「三流国」の日本が「超一流大国」のロシアとなぜ戦争するはめになったのか？　朝鮮半島がどうして日本の統治下になったのか？　日米大戦の真の原因は何か？　明治時代に台湾と朝鮮が日本の植民地となりましたが、現在、両国民の日本に対する評価が一八〇度異なるのは何故か？　徳川鎖国の「三流国家」日本が、わずか五〇年足らずで、どうして先進国の一員になったのか？

日本人が正しい歴史を知らない限り、極東アジアに真の平和と融和は来ないでしょう。明治時代の真の歴史を正しく、面白く、楽しく書いた司馬遼太郎氏の著書「坂の上の雲」（書店で販売中）を読まれることをお勧めします。

《日本国の財政は崩壊寸前》

日本政府公表によると、一九九九年末の国債発行残高（借金総額）は約五〇一兆円あります。毎年の支払利息は二十二兆円必要です。国の年間総予算の四〇％です。個人でいえば月収の四〇％が借金の利息支払になり、毎月毎月永遠に続けば家庭は崩壊するでしょう。これに加えて二〇〇〇年度に新規発行される国債が八〇兆円決定しております。

この外に地方自治体の借入金残高は約二〇〇兆円、政府直轄の特殊法人の借入金約一二〇兆円あります。国債のみでもＧＤＰ対比一四〇％となります。米国、英国、ドイツ、フランスはいずれも六〇％以下です。

民間企業なら、とっくに倒産しております。政府と自治体の借金は即、国民の借金です。借金総額約九〇〇兆円を一億二千万人の国民が負担すれば一人当て七五〇〇万円で、失神するほど巨額な借金です。こんなに借金を作りながら景気が良くなると思うのは、政府も国民も借金ボケしてしまったのではないでしょうか。

破局は十年以内に訪れるでしょう。これに対する具体的な対策はありません。しかしどんな混乱に際しても、生き残る人と消え去る人に分別されます。精神の波動の高い人が生き残り、波動の低い人が消滅することに間違いありません。

3. 空想がソフトを作り、ソフトが運命を創る

同じことを続けて強く想うことを「念じる」といいます。「念ずれば花開く」というように「念」は強いエネルギーを持っております。宗教の祈りは、これを利用したものです。

念のエネルギーは「エネルギー不滅」の物理の法則により消え去ることなく集積されてゆきます。良い念のエネルギーから幸運が作られ、悪い念のエネルギーは不幸を発生させます。

念のエネルギーが物質化することは心理学でも科学的にも証明されております。アインシュタインの相対性理論のＥ＝ＭＣ^{2}の公式（Ｅはエネルギー、Ｍは物質、Ｃは光の速度）はエネルギーが物質に転換することを証明しております。これを物質とエネルギーの等価性といいます。

念にはプラスのイメージとマイナスのイメージがあります。プラスイメージは良い現象を作り、マイナスイメージから悪いことが生まれます。明るく幸せな未来のイメージを持ち続けると希望通りの幸になり、心配、クヨクヨのマイナスイメージを持つと不幸になるということです。

このように空想し念じ続けると希望が実現するのに、多くの人は願った効果を上げておりません。これは求めることが願望に終わって、受取ることを確実に期待しないからです。願望が叶えられると思うのでなく、すでに願いが叶えられて満足している未来のイメージをあなたの潜在意識にしっかりインプットしてしまうことです。

目標をインプットされた潜在意識にソフトが作られ、あなたが気がつかない間に無意識行動をおこして目的を達成させるのです。

4. 幸せのソフト

幸福のソフトとは、次のようなものです。

内容は、人間が常に想わなければならないごく当たり前のことです。

「今日一日　親切にしようと想う」
「今日一日　明るく朗らかにしようと想う」
「今日一日　謙虚にしようと想う」
「今日一日　素直になろうと想う」
「今日一日　感謝をしようと想う」

この幸福のソフトを書いた紙をいつも見る場所（トイレの中が最適）に張りつけて、毎日見て五分間くらい強く想って心の中に深く刻み込んでください。強く想うだけにしてください。実行しては駄目です。意識して実行すると失敗します。なぜかというと、コンピューターというハードにはソフトが不可欠なように、人間には肉体というハードがあり、そのハードにもソフトが不可欠なのです。親切というソフトが必要なのですが、ソフトをつくる前に人に親切にしたら失敗してしまうのです。右脳のソフトを作ってからでないと運命を変えることはできません。

潜在意識の中にソフトが定着するのに六カ月から一年ぐらいかかります。〝書かなくても覚えているし、分かっている〟では駄目です。ソフトは左脳が知っている、覚えているというだけでは作れないのです。毎日五つの文字を目で見て、目の中に入れていかないと駄目なのです。ソフト作りには原則があります。決して難しいことではありません。紙に書いて目の前に張っておき、小さな声で唱えることだけです。

そして、毎日トイレに入ったら、今日一日人に親切にしよう、謙虚にしようと〝思う〟のです。次に、それを口に出していってください。大きな声ではなく、静かに五つの文字を三～五回ほど自分にいい聞かせるように、自分の心にインプットするようにゆっくりですが、しっかりといってください。そうすれば、半年後ぐらいにソフトの形ができ上がります。

半年後のあなたにどんなことが起こるかというと、あなたの周囲の人が「あの人は変わった」というようになります。これは人が言うだけですから、あなたは思うことを実行してはいけません。ソフトは、まだ完成していません。完成前に実行すれば、せっかくつくったソフトが壊れてしまいます。一年ぐらい後には、ほとんどの人のソフトが自動的にでき上がります。

しかし、心のソフトですから目で見ることはできません。でも、できたことは確かで、そのソフトは右脳に収まります。あなたが何もしないのに、人が〝あの人は親切だ〟というのですから、それであなたのソフトができたことを確認したと考えていいでしょう。あなたの親切とか謙虚は、あなたが決めるのではなく人が決めるものなのですから。

トイレの中でつぶやくという簡単なことができないために不幸になるケースはかなりあります。また、不幸になるのでやってはいけないことがあります。低い波動が持っている情報は不幸を生む情報ですが、波動を低くする原因に争い、喧嘩があります。特に、夫婦喧嘩は波動を低くする最大の原因です。夫婦喧嘩が日常の出来事と化している家庭では、家族の波動も低くなり、特に子供の波動が低くなります。

夫婦喧嘩は要注意です。子供の波動を低くし、不登校や成績の低下、暴力などを招いたりします。もしも商売をしていたら、お客様は来なくなり、赤字に転落です。元を正せば、夫婦喧嘩が原因です。

5. 吾唯足知《われただたるしる》

人間にとって、「足るを知る」を実践することは非常に重要なことです。人間にはエゴがつきものですが、エゴを持った人間は足るを知りません。持てるだけ持っていても、もっとほしいといいます。エゴを発揮すると、これも魂の波動を非常に悪くします。

動物の世界を見ると、例えば、ライオンは満腹状態のとき、すぐそばにシマウマがいても襲うことはありません。動物は足るを知っているからです。「足るを知る」人間は、昔の中国にいました。中国で初めてできたお金、穴明き銭には「吾、唯、足を知る」と書いてありました。〝お金を貪《むさぼ》るな〟と、お金に書いてあるのです。

〝足るを知らない〟ことだけが魂の波動を悪くするわけではありません。目立ちたがり、怒り、憎しみ、恨み、悪口、不平・不満、クヨクヨ・イライラ、頑固、打算などは魂の波動を悪くし、運命を悪くしてしまいます。

6. 人間関係と包容力

《人間関係》

人生は人間関係に始まり、人間関係に終わります。悩み、苦しみの大半は人間関係の乱れから起こっております。

　地球上すべての生命は「共生の法則」と「絶対愛の法則」によって生かされ生きております。共生とは相互に助け合い、補い合って共に生存することであり、絶対愛と

古代中国の穴あき銭

は太陽や天地《あめつち》の恵みのように無条件ですべての生命を生かし続ける「愛」の精神です。

誰も一人で生きることは出来ません。多くの人々の相互依存によって生活しております。これが人間関係です。

よき人間関係はエゴを出さず、愛する心、いたわり、思いやりの心、親切な心、許す心、認める心を持つことです。人を愛せなくなったり不信感を持ったとき、人間関係は砂漠のように不毛となるでしょう。

よき人間関係を作るには、できるだけ多くのあなたの味方を作り、敵を作らないことです。

それには他人の長所を発見することから始めます。まずノートを一冊用意して下さい。あなたの身近であなたと関係のある人の名前を書きます。特に苦手の人や嫌いな人の名前は必ず書いて下さい。当然、第一番に書くのはあなたの夫か妻の名前です。名前の下にその人の長所を抽象的でなく具体的に書き込みます。よく見、よく考えて、発見した長所をどんどん書き込みます。欠点は考えない、書かないことです。

このノートは、あなた以外の人に見せるものではありません。あなたが自分で書き込みながら何回も自身で読むのです。これが、あなたの右脳の潜在意識にインプットする作業です。ノートに書かず頭で考えるだけでは効果が生まれません。必ずノートに書いて黙読して下さい。三カ月もすると、あなたの右脳は神秘的な働きを始めて、あなたの、それらの人に対する態度と感覚が自然と変化してきたことに気づきます。そして不思議なことに相手のあなたを見る目が変わって来ます。これは、あなたの魂の波動と相手の魂の波動が四次元的に同調したからです。

あなたは多くの人の長所を毎日積極的に見ることによって、あなたに欠けた長所を自動的に補うことができて、あなたの人間成長が早くなります。気がつけば、あなたの周囲には、今までより一段レベルの高い人間関係のグループがつくられています。好ましい友人、恋人、結婚相手などがこの新しいグループの中に見つかるかもしれません。

自分が幸福になりたければ、相手の幸せを祝福することです。人の幸せを嫉妬する人の所へは、幸運の女神は訪れないでしょう。　似た者夫婦という言葉があります。結婚は双方の心の波動が同調、共鳴したときに成立するようです。心が豊かで波動の高い女性は、同じような波動で心が優しくて生活力あるよい男性と結ばれ、自己中心で求めることばかりで与えることを知らない波動の低い女性は、同じような波動の低い欠陥ある男性と結ばれ、不遇の人生をたどるかも知れません。よい配偶者を求める前に自己の心の波動を高くしておくことが必要です。

《包容力》

包容力を持たないと真のリーダーシップはとれません。

人間は己を認めてくれた人の下に働くようです。包容力とは心が広くて、多くの人を認め許すことのできる能力をいいます。

昨今の人は自己を中心として心の中に直径一メートル位の見えない円を描き、その中に突っ立って、そこから一歩も出ようとせず、キョロキョロして、他人が自分をどう見ているかということばかり気にしております。自分の心は見せず、他人の心を見たがります。見えない円の外は「関係ない」の一言で無視して行動をおこしません。このような人は自分一人がやっと入っている広さの心しかなく、トイレのように自分一人で満員で、家族すら自己の心の中に入れることができません。これでは人間関係は無きに等しいでしょう。認める、許すといっても、何をしても放任することではありません。仕事のミスに対しては、厳しく叱正しなければなりません。叱っても怒らない、憎まないことです。叱ることは本人を成長させるためです。

ハイテク産業の経営者でも、技術や専門知識がなくても右脳の先見性と包容力があれば、多くの有能な人を手足のごとく使って立派な経営をすることが出来ます。

米国の有名な実業家、カーネギー氏の墓には「自分より有能な人々を使った人、ここに眠る」と書いてあるそうです。

7. お金がほしい

お金さえあれば、欲するもの、欲すること、すべてが叶えられます。そしてお金は、人間の身も心も虜にして善にも悪にも駆り立て、理性を麻痺させてしまう恐るべき魔力を持っています。昔から人生の悲喜劇の主役はお金で、人間はそれに振り回されるワキ役にすぎません。

貨幣は本来、流通経済の道具の一つとして人間が使用するために作られたものですが、すぐお金が人間を支配するようになりました。お金が王様、人間はお金の奴隷となったのです。

お金がほしいと思う前に、お金の性質や、どうしてお金があなたのところへ来るのか、その原理原則を知る必要があります。

ほとんどの物品はだれでも自由に作ることが出来ますが、お金だけは勝手に作ることができません。だれかがお金をあなたの所まで持って来てくれるのを待つしか方法がありません。お金を持って来てくれる人をお客様といいます。多くのお客様を大切にして、信頼を得て、多くの信者さんを作れば、お店や会社は繁昌します。信者という字を一つにすると儲《もうかる》と読みます。

お金は、使う人の心によって人を幸せにしたり不幸にします。お金に罪はありません。また、お金の力があまり強すぎるためか、お金は不浄なものと一部の人に軽蔑されました。お金にとって不本意な濡れ衣です。

お金は流通の過程で、多くの人間の執念の波動エネルギーが込められて、有名な神社のお守りや神札《おふだ》よりはるかに強いパワーを持っております。お金を粗末にすると罰があたるといわれるのは一理あります。

お金はただの紙切れでなく意識を持っています。お金は集団を好み孤独を嫌います。それ故にお金の集まっている所へ行きたがり、行く時は少数で寂しがっているお金を誘って一緒に行ってしまいます。そのため、日本のように富の配分が理想的に行われている国でも、貧富の格差ができてしまいます。

お金は無駄に、また無価値に使われることを極端に嫌います。浪費家がお金持ちになれないのは、お金が二度と浪費家の所へ行きたくないとおもい、近くまで来ても寄ってくれないからです。お金は世のため、人のために役立っているとプライドを持っています。不浄とか汚れた金などというとお金は気を悪くします。汚れているのはお金でなく人間の心です。お金のプライドを尊重して、自己の欲望のためやギャンブルなどに浪費せず、正しい生活のために、よく考え感謝しつつ使わせて頂き、一部を自己以外の社会のために使えば、お金は感激して仲間を誘ってあなたの所へ帰って来るでしょう。水力発電所のように、ためた水（お金）を放出して、電気をつくって世間のお役に立てば、上流から神の恵みの雨水（お金）が必要な時に必要な量だけ流れ込んで、ある量の水（お金）を常に保持しつつ、次々と休みなく流動して行きます。これを清貧の反対に清富といいます。

大自然の法則に順応して、心の法則を正しく実行すれば、あなたも清富になれます。

8．心の世界へ貯金しよう

現世では銀行や郵便局に貯金をしますが、心の世界にも貯金制度があります。三次元世界はお金の貯蓄ですが、心の世界ではお金でなく、愛の心、思いやりの心、親切な心で人のために奉仕したり、ボランティア活動などをした時に、天上界のあなたの預金通帳の入金欄に記入されます。中国ではこれを「徳を天に積む」といいます。この預金はあなたの生存中に使うこともできますが、多くは、あなたの子供さんや子孫が困ったとき払い戻されます。これを「先祖の徳をいただく」といいます。

これに反して心の世界へ借金をつくる人があります。怒る、罵《ののし》る、怨む、憎む……その都度あなたは心の世界で借金をつくります。そして自己のつくった借金は、自己かその子や孫が返済しなければなりません。無意識のうちに借金をつくらないように注意するとともに、積極的に心の世界に貯金をつくりましょう。

最近、男女とも平均寿命が延びました。定年以後、収入のない年月が二〇年前後あります。子供もあてになりません。誰も助けてくれません。年金のみが頼りです。積極的に心の世界へ見えない年金を積まないと、老後不幸に泣くことになります。

幸福のソフト（第5章4）の文字を紙に書いて壁に張り、毎日心に刻み込んで心の世界へ貯蓄して下さい。

9．家相と方位

方位占いと家相占いは迷信だと思っている人が多いようです。私も四〇歳位までは信じておりませんでした。

四〇歳を過ぎて自分の家を新築することになり、参考までに方位学と家相学の勉強をしました。先生は「真気学」の先代総裁、山本光養先生でした。一年間の勉強をしましたが、「こうすれば、こうなる」という原因と結果だけで、この原因から何故この結果になるのかという理論がありませんでした。私は納得できないので自分で実験することにしました。二〇〇坪の土地を求め建坪一五〇坪の家相の実験住宅を建て、その家に十年住んでみて効果があることが判明しましたが、理論はわかりませんでした。

良家相という家は、トイレが母家外にあり、南側の一番良い室の前に別棟があって、居住性の悪い家でした。

十年目に取り壊して居住性を改良して現在の家を新築し、この家に二十年あまり住んでおりますが、予定通りの結果が出て家相学に信を置くようになりました。

私は昭和三十年から二回方位移転をしました。一回目は昭和三十年六月、堺市から大阪市へ移転しましたが、これが大凶方位でした。これが原因かどうかわかりませんが、一、三年して今まで繁昌していた会社が取引先からの受取手形が大量不渡りとなり私の会社も倒産寸前となりました。

第一号実験住宅を建築したのはこの時で、借金はありましたが現金は全然ありませんので、土地は支払手形で買い、家は手付金五〇万円支払って建築を強行しました。山本光養先生から、良家相の家を作り吉方位で入居すれば、お金は何とかなると言われたからです。今から考えると向こう見ずの大冒険でしたが、結果は何とか上首尾に終わりました。

現在は土地や建築費が高くなり理想的良家相の家を作ることは困難となりましたが、私の体験から学んだ注意点を申します。

一、入口は西と東北はよくない。西の入口は貧乏になり、東北の入口は長男が育たない。
二、浴室、トイレ、炊事場に長い時間、水を溜めておくとよくない。
三、庭に池を作らない。癌になる恐れがある。
四、室内に熱帯魚、金魚などの水槽を置かない。撤去すればすぐ何か良いことがおきる。
五、現在の家は、マンション、一戸建を問わず良家相の家はない。短所だらけであるが一切気にしないこと。悪いと思うと、悪いことが発生する。
私は会社経営中、五〇店の営業所を作りましたが、店舗の向きが営業に大きく影響することを実験的に知りました。
一、西向きの店は繁昌しない。
一、東向きの店が最良。
一、角店《かどみせ》はよくない。角店の隣が良い。
一、全面開放せず、ショーウィンドウとドアを設けた方がよい。
家相、方位の影響は会社の繁栄と個人の運命に大きく関係があるようです。迷信と軽視することは危険と思います。

〈以上は私の個人の見解で家相学の定説ではありません。〉

方位に、「的殺」「本命殺」「五黄殺」「暗剣殺」の四大凶方位があります。私は三泊以上の旅行、住居移転、不動産の売買取引、新規開店など重要な場合のみ四大凶方位に注意しておりますが、其の外の小事には方位に拘束されずに自由に行動しております。

10. 姓名学、印相学、墓相学

インチキ宗教が、あなたの印鑑は悪いと騙し脅迫して何十万円もお金を詐取した事件がありました。

姓名や印鑑が直接運命に影響するとは考えられません。姓名や印鑑が良いとか悪いと想うイメージが運命に影響を与えるようです。本人が良いと思う姓名に変え、印相判を持てば良いでしょう。名前は姓名学の本を買って来て自分で決めてもよいし、印鑑はハンコ屋に印相判と言って注文すればすぐに作ってくれます。自称プロや宗教家にたのむと法外のお金を要求されることがあるようです。

《墓相》

私は五〇歳位まで墓は必要と思っておりましたので、四十五歳のとき墓相学のプロに設計してもらって、相当立派な自分の墓と会社の墓を作りました。私は中川家の三男で、先祖代々の墓は長男が管理しておりました。六十歳になって精神世界と霊性世界の研究をした結果、死後の自己も先祖霊も原則的に地上の墓に入らないことを知りました。墓は不要と考えて、お寺の猛反対を押し切って二つの墓を撤去して、土地はお寺へ返還しました。相当額の撤去費用がかかりました。

墓不要論は私個人の説です。皆様に強制するものではありません。皆様は家族、親戚、地域の人間関係など、よく考えて行動して下さい。しかし、あなたが死後に地上の墓に入らないことは事実と思います。

11. 運命にはリズムがある

地球は自転して昼夜をつくり、公転して春夏秋冬がつくられます。

自然界は一定のリズム（波動）を繰り返して環境の変化をつくっています。

自然界に生きる動植物は、自然のリズムに正しく調和した行動をとっております。動物は春の始めに子を産み、食物の豊富な夏、秋に子供を育成し、冬までに巣立ちさせます。植物は春に花が咲き、夏に種子を充実させ、秋に動物や風の力をかりて種子を広い地域に播き、春に芽吹いて新しい生命が育ってゆきます。

自然界の動物には運命はありません。人間のみ自然界のリズムを無視し、勝手な行動をする故に運、不運を拡大させております。

人間は生まれた年月によって各自固有のリズムを持っております。これをバイオリズムといいます。

日本、中国で古くより行われている四柱推命《しちゅうすいめい》や風水《ふうすい》などの易占《えきうらな》いは、自然界のリズムと人間のリズムの相関性から発生した運命学です。

易経《えききょう》に「運は動《どう》より生ず」といっているように、運命はタイムリーな行動によって決定されます。同じことをしても、タイムリーであれば成功し、タイムリーでないときは失敗します。気象予報を無視して登山したり、海釣りに出かけて遭難するのと同じです。このリズム表はあなたの運勢を表示しているものではありません。厳しい人生行路を行く、あなたの見えないタイムリーの時期を示したものです。昔の人は、晴耕雨読《せいこううどく》（晴れた日は外に出て田畑を耕し、雨の日は家で本を読む）といって自然と一体となって生活しました。

運命の最高の年に新事業を始めてはいけません。翌年から運命下降期になるからです。運命最盛期に本社ビルを建設した会社は、ほとんど失敗しております。大きな投資は、運命横ばい中に計画、資金手当をして、運命上昇期に合わせてスタートすると成功します。

95	96	97	98	99	2000	2001	02	03	04	05	06	07	08	09	10
↳	⤴	↗	↗	↑	→	⤵	↘	↘	↳	⤴	↗	↗	↑	→	⤵
⤴	↗	↗	↑	→	⤵	↘	↘	↳	⤴	↗	↗	↑	→	⤵	↘
↗	↗	↑	→	⤵	↘	↘	↳	⤴	↗	↗	↑	→	⤵	↘	↘
↗	↑	→	⤵	↘	↘	↳	⤴	↗	↗	↑	→	⤵	↘	↘	↳
↑	→	⤵	↘	↘	↳	⤴	↗	↗	↑	→	⤵	↘	↘	↳	⤴
→	⤵	↘	↘	↳	⤴	↗	↗	↑	→	⤵	↘	↘	↳	⤴	↗
⤵	↘	↘	↳	⤴	↗	↗	↑	→	⤵	↘	↘	↳	⤴	↗	↗
↘	↘	↳	⤴	↗	↗	↑	→	⤵	↘	↘	↳	⤴	↗	↗	↑
↘	↳	⤴	↗	↗	↑	→	⤵	↘	↘	↳	⤴	↗	↗	↑	→

表の読み方

↗ 運命上昇中　：新しい事を始めるによし

→ 運命横ばい　：反省と整理

⤵ 運命下降始まる：冬ごもり準備

↘ 運命下降中　：冬ごもり。体力をつける

↳ 運命下降止まる：春の活動準備

↑ 運命天井　：感謝と収穫の年

⤴ 運命上昇始まる：活動スタート

運命リズム表

生まれ年									西暦	90	91	92	93	94
T７	S２	S11	S20	S29	S38	S47	S56	H２	一白	↑	→	→↘	↘	↘
T６	S１	S10	S19	S28	S37	S46	S55	H１	二黒	→	→↘	↘	↘	↘→
T５	T14	S９	S18	S27	S36	S45	S54	S63	三碧	→↘	↘	↘	↘→	→↗
T13	S８	S17	S26	S35	S44	S53	S62	H８	四緑	↘	↘	↘→	→↗	↗
T12	S７	S16	S25	S34	S43	S52	S61	H７	五黄	↘	↘→	→↗	↗	↗
T11	S６	S15	S24	S33	S42	S51	S60	H６	六白	↘→	→↗	↗	↗	↑
T10	S５	S14	S23	S32	S41	S50	S59	H５	七赤	→↗	↗	↗	↑	→
T９	S４	S13	S22	S31	S40	S49	S58	H４	八白	↗	↗	↑	→	→↘
T８	S３	S12	S21	S30	S39	S48	S57	H３	九紫	↗	↑	→	→↘	↘

　この運命リズム表は、あなたの10年前から10年先までの20年間の運命のリズムです。すでに経過した10年間の表と、あなたの実際の運命が合致していれば、10年先の未来も表の通りでしょう。過去10年間の悪い年でも幸せであった人は、心の波動が高く、自動的に神仏の加護を受けています。また、良い年であっても不幸であった人は、心の波動が低く、神の光を十分受けられなかったのではないかとよく反省する必要があります。

　結婚、新築、移転、開店などの重要なことは、運命天井の年に始めてはいけません。大吉の年は翌年から運が下降期に入りますから、２、３年前の運命上昇し始めに行えば成功します。

※生まれ年は節分から翌年の節分までを１年とします。

第6章　見える世界と見えない世界

1. 四次元世界と人間

私達は見える三次元世界と見えない四次元世界の双方に住んでおります。三次元世界は誰でもよく分かっていますが、四次元世界の実在をよく知らない人が多いようです。しかし四次元世界を知らないと、あなたは積極的に運命を開拓することができません。運命の種子（原因）は四次元世界に播き、三次元世界で結果である花が咲き収穫するシステムになっているからです。

では、四次元世界と人間について説明します。この「次元」は数学、物理、工学の分野で使われる言葉です。

0次元とは点のようなもので、ここという場所と考えてください。糸のようなもので、面積も体積もない線が一次元です。二次元というのは面です。広さ（面積）はありますが、高さはありません。

私達が住んでいる三次元は、縦があって横があって高さがある一つの空間です。次に四次元、これは三次元の頭で考えたら分からなくなります。０次元から三次元までは、点があった、線があった、面積があった、空間があったということでしたから、次は何かといった考え方では答えは出ません。

四次元という空間があるのです。ここには、三次元のものである物質がありません。時間がありません。さらに距離もありません。東京から大阪までとか、日本からアメリカまでといった距離がまったくないのです。ちょっと理解しにくいかもしれませんが、いまあなたがいるところもニューヨークも同じところにあるといえます。その他に「数字」「理論」「重力」の無い世界です。

人間は見える世界（三次元）にも見えない世界（四次元）にも重複して住んでいるのです。これは大事なことですから、しっかり覚えておいて下さい。そこで、四次元について詳しく、また、人間が見えない世界にどれほど影響を受けているのかをお教えします。

見える世界は物質中心ですから、見ることができる、触ることができるということです。人間の五官（目・耳・鼻・舌・皮膚）で認識できるものは、だいたい見える世界、三次元世界です。そして、見える世界は時間と空間がある世界です。昨日、今日、明日という時間があるということで、過去と現在の世界です。未来はありません。ここが重要な点です。明日という見えない世界が二十四時間経てば、そこはもう見える世界、三次元の世界です。そして、そのはるか先には見えない世界、四次元の世界があります。しかし、時間が来れば四次元の世界はあなたの目の前に来て現実となり、それがまた過去に流れていくのです。つまり見える世界と見えない世界はコンベアのようなものでつながっているということです。もっと言えば、あなたの体の半分は見える世界にあって、半分は見えない世界にあるということです。これが、人間は見える世界にも見えない世界にも住んでいるということなのです。

四次元という見えない世界は、意識を持ったエネルギーの世界です。意識を持っているので、エネルギーの波動は細やかです。三次元のエネルギーは荒い波動で、別の種類のものです。

人間は肉体の中心に魂を持っています。見える肉体と見えない心が合体したものといえます。「気」も見えないエネルギーで、人間から出る気、宇宙の気などがありますが、これらもすべて波動があり意識を持ったエネルギーです。念力もそうです。

時間と空間のある世界が見える世界といいましたが、具体的に言うと二〇〇〇年二月二二日の二十二時二十二分というように特定できるのです。これが三次元世界の大きな特徴です。

では、見える世界と見えない世界はどのくらいの比率であるのかというと、氷山の海面上にある部分と海面下にある部分の比率、約一対九の割合と同じです。三次元世界は四次元世界の十分の一しかないのです。一対九ですから、見える世界の影響力を一とすると、良きにつけ悪きにつけ、見えない世界の影響力がその九倍もあるわけです。ここが重要なのです。見えない世界の方が九倍の力があるのですから。

なぜ、このように見えない世界の〝九倍〟のことを強調するのかというと、九倍もあるのだからそれをうまく有効に活用すれば、見える世界であなたが努力するのにも、同じ努力で九倍の効果を上げることができるからです。企業に例えると、九倍の生産能力があるということですから、これはもうやるしかありません。

あなたの未来をつくるには、あなたが見えない世界に入っていかなければ駄目ですから、どうせなら積極的に見えない世界を活用しなければ損です。もちろん、見える世界での努力は肝心ですが、その努力が生きた努力になるか死んだ努力になるかの決め手は見えない世界にあなたがどのように対応したかにかかってきます。

未だに〝見えない世界なんて、そんなものないよ〟などと言っているようでは人生大いなる損失を招くと思ってください。

見えない世界はエネルギーと波動の世界ですが、見えない世界だけではなく、見える世界など宇宙すべてのものは波動の世界といってもいいのです。

原子、分子はそれぞれ波動は異なっています。物質でも、なぜ固体になったり液体になったり気体になったりするのかというと、それは波動が違うからです。ただそれだけです。

例えば水（H_2O）は、水素（H）の原子と酸素（O）の原子がくっついてできていますが、水素と酸素はともに気体で見ることができません。しかし、この二つの原子をくっつけると水になり、見ることも触れることもできます。

これも波動の違いがなせる業なのです。当然、水にも波動があります。波動の低いものはほとんど物質ですから三次元に多くあります。波動がある程度高くなると、エーテル体といって物質とエネルギーのちょうど中間ぐらいのもので、見ることも触ることもできなくなります。そして、さらに波動が高くなるとエネルギーに転換し、今度は見えない世界、四次元の世界になるわけです。

あなたは三次元と四次元の両方に住んでいるわけですから、このことを意識してというよりも、意識的に三次元で活動したり四次元で活動したりしないと良い未来をつくることはできません。あなたは、どちらへでも行けます。どちらへも自由に行けるのだと想うのです。できないと想ったときには、もうそこでおしまいです。

四次元世界は〝想い〟の世界ですから、できると想ったらできるのです。三次元世界は〝物〟の世界ですから、できると想ってもできないことがあるし、できないと想ってもできることがあります。物の世界ですから、給料を二倍ほしいと想ってもうまくいかないこともあります。

それと、三次元世界と四次元世界の大きな違いがもう一つあります。

三次元世界では人に頼むことができますが、四次元世界では誰にも頼むことができません。あなた自身で何かをしないと実現できません。新興宗教に頼っても駄目なのです。良い未来をつくりたかったら、幸せになりたかったら、三次元と四次元の違いを、自分が三次元にも四次元にも住んでいるということを、そして、四次元があなたに多大な影響を及ぼすということをしっかり認識して行動してください。そうすれば、想いはかないます。

2. 見える会社と見えない会社

人間は、見える肉体と見えない魂と精神の合体したものです。人間が経営する会社も見える会社と見えない会社が表裏一体となって経営活動をしております。

見える会社とは、人間、資本金、建物、設備、機械、資材、商品、組織、マネージメント、マニュアル、貸借対照表、損益計算書などです。見えない会社とは経営理念、経営者の思想と哲学、社員のプロ意識と意欲、モラル、働きがいなどで、これから社員の活性、愛社精神、社風、企業文化などが創り出されます。

会社と消費者を結ぶのは商品のみでなく、会社の経営理念、企業文化性であります。最近多くの会社では経営理念の見直しが行われております。今までの会社の理念は社長の好みや企業中心の内容になっていました。これでは社員全員の共感を呼ぶことができません。経営理念は会社経営の基本思想であり行動基準であります。

理念は左脳で知識や情報として知っていても効果ありません。毎日朝礼で何十回、何百回と右脳にインプットしたとき、潜在意識にソフト化して企業のバックボーンとなり、自然体で行動できるようになります。

経営理念は全員が納得して受け入れる内容であり、簡単、明確なものがよく、複雑なものではソフト化できず、会社の指示事項に終わってしまいます。

3．経営理念

①我が社は、お客様のためにある

経営とは需要があって、それに供給することによって成立します。初めに消費者があって、次に企業が生まれます。消費者なくして企業は存在できません。このように会社は消費者のためにあるのであって、経営者や労働者のためにあるのではありません。

経営はお客様に奉仕《サービス》することから始まります。お客様は奉仕に対して満足料を払われます。それが利益であります。質のよい奉仕には多くの満足料が支払われ、多くの利益が生まれます。利益は会社を成長させ、さらに多くの消費者に良質の奉仕を提供するとともに、働く人の生活を維持する大切な資源であります。

働く人々の生活と生命《いのち》は、お客様によって支えられております。この事実に対して、感謝の心を持って、さらによき奉仕に努めることは当然であります。

経営とは、奉仕→満足→利益→感謝の連鎖反応を繰り返しつつ、繁栄と生きがい、幸せを創造するシステムです。

奉仕とは弱い者が強い者に対する卑屈な行為や自己が生きるために心ならず行うものと誤解してはいけません。大自然の絶対愛が示すように、奉仕とは崇高な愛の作業であります。

すべての人は働く人であり、また、消費者でもあります。奉仕する人でもあり、奉仕される人でもあるのです。これが共存の法則です。奉仕する能力を失ったとき、その人の人生は終わりです。

②我が社は働く者が協力して、物心ともに豊かさと幸せを創造するところ

企業経営はヒト、モノ、カネを調和して、社会価値を創造する組織です。社会価値とは人間を幸せにするすべてのものを指しています。企業の使命は消費者に奉仕するとともに、そこで働く人の生活を安定させ、者も心もともに豊かな生活を目指して、その資源（利益）を創造することです。

企業は利益とともに繁栄します。利益なき経営は罪悪であります。

利益の創造に一番重要なことは、生産性であります。いくら豊かさを求めても、生産性の枠を超えることは出来ません。生産性の優れた企業は不況に強く、競争力に優れ、成長性に富んでいます。

経済生産性の高い国はインフレが無く、物資が豊富で物価が安定し、失業率が低く、国民生活が豊かです。

生産性は利益発生のバロメーターで、資本生産性、商品生産性、労働生産性が大きな柱

であります。生産性向上は唯物的な思考のみでは成功しません。奉仕し合い、生かし合う、調和と共生の精神が必要です。

③我が社は人間完成をめざして学習し、練磨する道場

すべての人間は使命と目的を持って生まれてきました。その使命とは自然の法則が示すとおり、共存共栄の精神で相互に奉仕し合い、学習して進歩向上し、万生万物と調和して、平和な環境をつくることです。それ故に日々の仕事、生活、体験のすべては、人間完成のための学習であります。人生は終わりのない学習です。

職場で働く目的をサラリーを得るためのみと考えるか、人生の学習のために働くと考えるかによって、その人の人生の未来に大きな格差ができることは事実です。前者の仕事は辛いもの、苦しいもの、嫌なものとしか受け取れず、疲労するのみで、成長向上はありません。後者は、たとえ失敗や辛い体験も未来の成功の糧として生かすことができ、人生に生きがいと喜びを感じつつ、自己成長するものです。

人生の喜びと楽しさは、勤労の汗と努力の後に味わうべきです。チャレンジする、努力

する、苦労する、耐える体験をして、自己練磨するには職場は最も適した人生学習の場所であり、また、精神修養の神聖な道場でもあります。

第7章　神と人間

1. 神々の世界

三次元の人間世界に国家を中心とした政治行政機構があるように、四次元世界の霊界も地上と同じように神々の組織と法則（ルール）により霊魂が指導、管理されております。

霊界は波動の世界です。波動の高低によって区分されて縦割社会を作っております。各々の霊魂は自己の波動と同じ場所に在住しております。神界以上の魂は神、霊界の魂は霊人、幽界の魂は浮浪霊、地獄に落ちたものは地獄霊と呼ばれています。真の神は神界以上に居住しておられますが、地上の人間は霊人を神と勘違いしていることがあり、また幽界や地獄界の邪霊、邪神に騙されて神と思い込んでいることが大変多く、現在、宗教の過半数は地獄霊が関係している邪霊集団です。

真の神は四次元世界の行政を行う公務員で、地上の行政官と同様に高級管理職、中級管理職、一般管理職に分かれております。その任務は宇宙、霊界の立法、行政などの大経綸《けいりん》を行うことで、願いごとの受付けや福運を授けることは一切やっておりません。おかげを扱うのは真の神でなく、ほとんどが神の名を騙《かた》る地獄霊や動物霊です。日本では「神の声」と称してお金をだまし取る詐欺集団もあるようです。

地球上の神々には人格神と宇宙神がおられます。人格神は地球に生まれた元《もと》人間の魂が何十回、何百回も転生輪廻して学習、修行を重ねて、肉体のエゴ、欲望がゼロとなり、絶対愛の権化《ごんげ》となって、波動が極度に高くなった方々です。宇宙神は一億年以上前に銀河宇宙の地球外惑星から地球人を指導するためＵＦＯに乗って来られた神々です。

エルランティを頂点に、ミカエル、ルシエル、ラファエル、パヌエル、ウリエル、サリエル、ラグエル、ガブリエルなど数千人の異星人がエジプトに着陸されました。そのとき一部の異星人を乗せたＵＦＯが日本九州の高千穂山上に着地しました。その後九州から瀬戸内海を通り熊野から大和《やまと》平野に至り、ここに国家を建設されました。これが大和朝廷で天皇家のルーツです。

人格神の最高位を如来《にょらい》と申します。如来は数百名おられ、太陽系の最高議決機関を構成して宇宙の重要政策の決定、緊急対策など主として立法府的仕事をされております。地上の議会の総理と各省大臣、衆参議員に似ております。その下の菩薩《ぼさつ》は約二〇万名おられ、如来の命令を下の諸天善神《しょてんぜんじん》に伝え指導に当たっておられます。地上の知事、市町村長、役所の局長、部長など中級管理職にあたります。諸天善神《しょてんぜんじん》は数百万名おられ、日本では八百《やお》万神《よろずのかみ》とお呼びしています。地上の公務員の課長にあたります。日本の神社に祭られている神は、諸天善神が多いようです。

如来、菩薩は波動と格式が高く、人間と直接関与することは原則的にありません。人間の祈りやお願いが如来、菩薩に届くことはないと思った方がよいでしょう。人間の祈りは守護霊を通して地域の氏神か、一の宮の神に届きます。個人の祈りが直接、真の神に届くことはほとんどありません。

地上の行政区域が都、府、県と区分されているように、地球上の独立国には、それぞれの民族の高級霊団が神として、民族と国家を守護しております。日本には古代の日本人の先祖霊団（神々）があり、また中国、英国、フランス、ドイツなど世界の独立国はその国の先祖霊の神々によって守護されております。

日本の正式の神とは伊勢神宮の「天照大神《あまてらすおおみかみ》」と、各地の一の宮と、居住地の氏神です。「天照大神」は国家と民族を守り、各地一の宮は地方市町村を、氏神は家族と個人を守護しております。毎日心の中で祈り、感謝するだけで、あなたは自動的に守られます。お社の維持費用以外のお金は要求されません。多額の金銭を要求する神は偽の神と思って間違いありません。

国家と民族の神は「一宗教」であることが望ましいと思います。現在、世界各地で発生している民族紛争や内戦はほとんど異宗教の闘争です。同一の国家内の民族が異なった神を信じると国民どうしが殺し合う最悪の結果となります。

日本の宗教は、正しい宗教もありますが過半数が地獄霊や動物霊が関係している邪霊、邪教です。多くの信者が金品を騙し取られるだけでなく、幸福になることは全く考えられません。その上に、死後地獄へ直行する危険すらあります。

神はモーゼに十戒を授けて宗教の誤りを正しておられます。

汝ヤーベ以外の神を拝むなかれ
汝偶像を作って祭るなかれ
汝みだりに神の名を呼ぶなかれ

これによると、あなたの信ずる宗教は誤っているのではないでしょうか。日本人は古来からの正しい神の元へ戻るべきと思います。これが幸福の原点になるでしょう。

人格神以外に動物霊があります。「龍神」は日本では水の神として信仰されておりますが、霊界では水と関係ありません。上級の龍神は白色で菩薩の儀式用乗用車《のりもの》として仕えていますが、それとは別の地獄界の龍神が多く、神と勘違いして祭ると危険です。一度祭ると、あと処理することが大変困難です。古人は「さわらぬ神に、たたりなし」と戒《いまし》めております。

商売の神に稲荷があります。稲荷もピンからキリまであり、作用が激しく現れます。伏見稲荷のような一流の素性の神は良いが、水商売の人が行く、おかげが大きいと称する神は危険です。地獄霊が多く、祈るたびに不幸を呼ぶことがあります。

新興宗教の始まりは、霊界からチャネリングを受けた人間が、神のメッセージだとか自分に神が下りたと勘違いすることから始まることが多いようです。本当の高級霊が直接チャネリングすることは、波動が異なりすぎるために原則的にありません。ほとんどが本人の波動に近い、霊界の下級霊や地獄霊が多いようです。また新興宗教の初代は波動が高く立派な人でも、二代目、三代目は組織拡大と物欲の虜《とりこ》となり地獄霊に憑依されることがあります。

護摩焚《ごまだ》きは一部の宗教で行われておりますが、地獄界には火焔《かえん》がありますが、霊界以上に火はありません。あるのは「光」のみです。

お金儲けを願う人が多いようです。祈っても効果は期待できません。神は元人間であった人が死後何十年、何百年も修行を重ねて、物欲、情欲などの我欲をゼロにし、また愛の心の権化《ごんげ》となり、やっと神になった方々です。苦心して金や物の欲望をやっとゼロにした方に、お金を儲けさせて下さいと願うことは、大変な誤りだと気付いて下さい。もしお金を与える神があれば、地獄霊でないか、よくよくチェックする必要があるでしょう。真の神は、あなたに「欲を捨てよ」とおっしゃるはずです。

お賽銭が多いと多く福運を授かると騙されている信者があります。神は四次元世界にあり、四次元は金も物も無い世界です。真の神が金や物を要求する必要はありません。お金を要求するのは神の名を騙《かた》る人間です。

また、病気と神は直接関係がありません。あなたの守護霊は精神にも肉体にも大きな影響を持っておりますので、守護霊によくお願いするとよいでしょう。

人間の死を決定するのは、守護霊以外の別の神のようです。あがき、騒いでも死から逃れることはできません。

2. あなたを守る守護霊と指導霊

《守護霊》

人間の運命は一寸先が闇です。灯火《ともしび》を持たず夜の山路を行く如く、またレーダーの無い船で濃霧の瀬戸内海を航海する如く、必ず危険にあうでしょう。

神は人間に人生の水先案内として守護霊をつけられました。守護霊は菩薩界より命令されて人間が生まれると同時に派遣され、その人が死ぬまで一生守護し指導しつつ、自己も学習をします。

守護霊は仏教の言葉で、キリスト教では聖霊と呼んでいます。最近まで心理学者は守護霊の存在を認めませんでしたが、現在は「上位自己」（ＨＩＧＨＥＲ　ＳＥＬＦ）という表現で守護霊を認識しております。

仏教以外の宗教では、守護霊を否定するものがあります。現代の宗教は自己の神が中心で、排他的、独善的な傾向が強く、また営業政策上、守護霊の存在を認めたくないのかもしれません。

守護霊は実在しております。そして無我の心であなたを指導しております。四次元世界は想《おも》いの世界です。守護霊を認識したとき援助をうけ、否定したり無視したとき守護は受けられません。毎日守護霊に感謝することです。ヒラメキ、ヒントなどは守護霊のシグナルです。守護霊は神とあなたを結ぶコンピューターの端末器です。パソコンのインターネットのプロバイダーのような役目もしております。

守護霊の波動は私達のそれよりも高いのです。神や仏と私達のちょうど中間くらいの高さです。ですから、あなたからの願いは守護霊に通じやすく、また、守護霊と神や仏の間も通じやすくなっているのです。

あなたの祈りや願いは守護霊を通して、氏神か一の宮の神に伝えられます。守護霊を無視した祈りは地獄霊や幽界の浮浪霊に同調して不幸を招きます。現代日本の宗教の過半数は地獄霊が支配しております。騙されて地獄霊や動物霊を祭り、拝んでいる人があります。守護霊の監視のない祈りは危険です。

神は見えない世界に対する水先案内人を、人間が生まれたときから、人間に付けてくれているのです。その水先案内人が、未来を知っている守護霊です。あなたが、あなたの守護霊と二人三脚でしっかり歩いていけば、未来は安泰です。

見えない世界を信じない人があります。見える世界なら、いま自分がいるところのことなら信じられるということです。つまり、見えたり触れたりできれば信じられるということです。しかし、見える世界や触れるものは、実は仮の姿だといわれています。実際に見えて触れられるのに仮の姿というのはおかしいと思われるかもしれません。

なぜ仮の姿かというと、この三次元という物質世界は刻々とものが駄目になっていくところです。一秒ぐらいでは駄目になっていく変化を見ることはできませんが、五十年、百年経てば、消えてなくなっています。一秒一秒駄目になる方向へ変化していることは間違いありません。人間でも、肉体は七〇～八〇年ぐらい経てば、いなくなってしまいます。これが、三次元世界が仮の姿であることの証明です。

あなたの体、あなたの家などは、触ることも見ることもできますが仮の姿なのです。このことを知っていないと、せっかくの守護霊が働きにくくなってしまいます。四次元の霊である守護霊は、四次元も見えて未来もある程度は見ることができます。こんな便利で役に立つ守護霊があなたの専属になるのですから、有効に使わない手はありません。

見えないから信じないという人にも、守護霊は付いています。信じないのなら、こんな人のことは捨てて四次元に帰ろうというわけにはいかないのです。どうしてかというと、勝手に下りて来たのではなく、天上界の上級の部署からこの人に付きなさいという命令を受けて、守護霊はこの地球に下りて来るのですから。守護霊にしてみれば、困った人に付いたということですが、その人が死ぬまで付いていなければならないのです。

ですから、守護霊が付いていることを認めて、その守護霊とうまく手をつないで幸せな人生、他人よりも幸せな人生を築いていくぞといった決意を持つことが大事なのです。

守護霊がなんとかしてくれるだろうという他力本願的な考えは禁物です。あくまでも主役はあなたです。守護霊は脇役で、あなたを助けるために来ていることを忘れないで下さい。

守護霊は、また、自身も学習するために来ています。あなたを指導することが守護霊にとっては学習になるわけです。いかにあなたをうまく指導していくかという学習の使命を持っているのです。もしも、あなたが守護霊を認めなかったら、守護霊は学習すらできません。ですから、まず守護霊を認めることです。そして、今すぐにでも守護霊と心のパイプをつないで下さい。

四次元世界は国籍のない世界ですから、日本人に日本人の守護霊が付くとは限りません。守護霊が先祖ということもありますが、それは稀なケースです。〝私は孤独で一人の友達もいない〟といっている人にも守護霊は常に付いています。

守護霊はいつもあなたのことを心配しています。ですが、常にあなたにとって良いことばかり考えているのかというと、そうではありません。守護霊に限りませんが、神や自然は試練を人間に与えます。例えば、大洪水を起こしたり大地震を起こしたりという天変地異の試練を与えて、それに耐え抜いたものだけを生かしていくということです。

弱いものは淘汰されます。神を無慈悲だと思われるかもしれませんが、神はすべてのものの魂は取りません。弱い肉体を淘汰するのです。これが自然の摂理、神の摂理です。

あなたに必要なのは、守護霊とともに成長し、守護霊とともに魂のレベルを上げていくことです。

《指導霊》

守護霊は人間が生まれたときから専属で付いていて交代することはありませんが、指導霊というのは常に人間に付いているのではなく必要なときに付く霊です。あなた自身で指導霊を呼ぶことはできません。守護霊が呼んでくるのです。守護霊はいつもあなたのそばにいて、あなたをしっかり見ていますから、指導霊を呼んだ方がいいかどうか分かるのです。

ところで守護霊は専門職ではありません。だから例えば、医者に付いた守護霊は一般的な世話はしますが、医学といった専門分野での世話はできません。そのような分野の専門の霊を呼ばなくてはなりません。そういった霊が指導霊なのです。ですから、指導霊の付かない人をアマチュアと呼び、プロにはほとんど指導霊が付いているのです。換言すれば、指導霊が付かないとプロにはなれないのです。

学者、医者、科学者、芸術家、哲学者、宗教家、発明家などには、指導霊が付かないとなれません。アインシュタイン、ニュートン、ピタゴラス、エジソン、ミケランジェロ、三蔵法師、空海などには指導霊が付いていて、その指導霊が仕事をさせているわけです。

守護霊が指導霊を呼んできて、その指導霊よりも本人がレベルアップしたら、もっと高水準の指導霊に交代します。本人が指導霊とともに仕事をすれば本人の能力は非常に伸びていきます。そして、指導霊は一人でなく複数の場合もあります。多いときは十数人の指導霊が付きます。こうなると指導霊団です。

本人が指導霊を必要としなくなったら、指導霊は帰っていきます。指導霊が必要になるということは、今の仕事よりさらにレベルの高い仕事にチャレンジするということです。今と同じレベルの仕事をしていくのであれば指導霊は不要です。指導霊の力を借りて一生懸命にチャレンジすれば、ほとんどのことがうまくいきます。

ただ、その際非常に大事なことがあります。それは〝謙虚である〟ということです。

プロになってレベルが上がれば上がるほど、それに応じて謙虚になることが絶対に必要です。守護霊や指導霊のおかげで良い仕事ができることを忘れずに、常に感謝の気持ちを持って謙虚になることが大事なのです。それと、一週間に一回は反省することです。この反省が、守護霊を活性化させるのです。

守護霊も指導霊も、あなたを助けてくれます。彼らと手をつないでともにレベルアップしていけば、自然に幸せに近づいていけます。せっかくの助け舟ですから、便乗させてもらわない手はありません。

3. 守護霊が書いた私の人生シナリオ

私は自分の運命は自分が創り、自分の意志で進行して来たと思っていました。六十五歳を過ぎ精神世界と霊性世界の研究をして、私の人生の重要な時期のシナリオは守護霊によって書かれ、計画を実行させられていたことを知りました。

私の人生のシナリオは十五歳までは両親によって作られ、十五歳から三十歳までは守護霊によって作製され、三十歳から六十歳までは私自身が作り、六十歳以後は私と守護霊の合作となっております。

私は小学、中学前半まで学校の成績が良く、試験はいつも百点満点を取っていましたので、私も両親もスムースに高校、大学に進学できると思っておりました。

中学後半になって突然、理由もなく左脳の記憶がよく働かなくなり、高校受験に失敗、大学へも入学出来なくなりました。

旧制中学を卒業して一年ばかり、ぶらぶらしておりましたが、二十歳の時、目的意識もないのに引かれるように一人で中国へ旅行に出かけました。天津に着いても観光する気になれず、宿屋に泊まっておりました。

ある日、一人の中国人が訪れて来ました。四十歳代の恰幅の良い男性でした。見知らぬ人で初対面の彼は私を見るなり「頂貴」（チャンクイ）と叫びました。その時は意味がわかりませんでしたが、「頂貴」とは中国語で「ご主人様（一番尊敬する相手）」にいう言葉です。

そして其の後、彼は流暢な日本語で話し始めました。聞くと名前を劉文賓《りゅうぶんぴん》といい、天津の日本総領事館に十五年前から勤務しているということです。

当時の中国で外国の公館に勤務することは、エリート中のエリートです。その彼が初対面の二十歳の若造に「チャンクイ、ここで商売しないか」と言うのです。私は学生気分のままで、商売する気持ちは全くなかったのに、不思議に拒絶せず、話を聞いてしまいました。

彼は一週間程してまたやって来ました。いい店が見つかったから見に行こうというのです。私は夢遊病者のように、言われるままについて行きました。

そこには、すでに店を借りる手続きから、生活出来るような準備まで整っておりましたので、断り切れず商売を始めることにしました。

当時は日本でＮＨＫがラジオ放送を始めたばかりでしたが、中国では香港、上海、天津で商業放送が流れていました。しかし中国ではラジオを製造する会社はなく、香港経由の輸入品だったので、高価な商品でした。

日本では東京の町工場でラジオを製造する所があり、父の紹介で日本からラジオセットを輸入して売ったところ、外国品に比べて価格が安かったので、あっという間に売れてしまいました。次々と輸入する品は、私が現物を見ない間に劉文賓がどこかへ売ってきました。
二、三年で資金も貯まり、倉庫付きの大きな店舗を借り入れ、中国人の使用人を数名雇い入れました。
劉文賓はいつの間にか領事館を辞めて、私の部下になっていました。彼は会社の専務であり、総務部長、営業部長、人事部長、渉外部長の仕事を一人で片付けて、私は財務と仕入の仕事だけやっておればよかったのです。

しばらくして日支事変が始まり、日本の軍隊が北支を占領して北京に日本軍の司令部が出来ました。

劉文賓は「今、北京が好景気だから会社を北京へ移そう」と言いました。

北京市の王府井大街という、東京の銀座にあたる一流店ばかり並ぶところに土地を買い、立派な店舗を建設しました。私が二十三歳の時でした。すべて劉文賓がやり、私は黙って見ているだけでした。店も住宅も大きくなり、メイドさんや食事を作る人など中国人の人たちが二十名くらい働いておりました。

私が中国へ渡ってから日支事変が始まり、数年後、太平洋戦争へと拡大してゆきました。

日本では当時、大学生は学徒出陣といって皆、戦地へ行かされ、そのほとんどが戦死しました。もし私が日本で順調に進学しておれば、同じように戦地へ行き、命を落としていたと思われます。

戦時中、私は二十歳台で独身でしたので、一番先に徴兵される条件にありました。ところが私が外地にいるので市役所の住民台帳に名前がなく、結局召集されませんでした。日本にいれば確実に動員され、南方戦場で戦死したことでしょう。

守護霊は一九四一年に太平洋戦争が勃発することを三十年以上前に予知しており、私を生き延びさせるため中国へ連れて行き、私の部下の劉文賓を私より二十年前に地上に生まれさせて日本領事館で日本語を学ばせ、私の来るのを待ち構えさせていたようです。このように四次元世界の霊界の未来は未定でなく確定していることを知りました。

日本に帰って霊性世界に入ってから守護霊に聞いたのですが、「あなたの周辺に集まって来た人は、すべて過去にあなたと一緒にいた人だ」と言いました。そして劉文賓は、私が約七百年くらい昔の「明《みん》」の時代に揚子江の南の方で県知事をしていた時の腹心の部下だったというのです。

守護霊が太平洋戦争の徴兵から私を避難させるために、私が生まれる二十年以上前に私の運命の壮大なシナリオを作り、私のかつての部下を再び地上に生まれ変わらせて万全の準備をして待っていたことを知って、霊の世界の深遠、精妙なしくみと守護霊の深い配慮に感激、感動せざるを得ませんでした。

繁栄中の会社、社長をすんなり辞めることができたのは、こんな事情があったからです。

守護霊について詳しく知りたい方は、次の本をお読み下さい。

小林正観 著「守護霊との対話　中川昌蔵の世界」

発行所　弘園社　〒四九〇―〇九四二　浜松市北浜町二一四

（電話）〇五三―四七一―〇一一四番

4．正しい祈り

祈りには幸福を創る「プラスの祈り」と不幸を招く「マイナスの祈り」があります。神に祈っているのに、おかげが全く現れないのはマイナスの祈りをしているのかも知れません。

祈りとは強く心に念《ねん》じた想《おも》いのエネルギーが自己の心の波動に乗って四次元世界に伝わることです。そのとき、あなたの心の波動と同じ波動の場所へしか伝わりません。人間が病気や不幸、不運の時には神が唯一の頼りです。しかし不調で苦しんでいるときは心の波動が乱れ、低下しております。このときの祈りは神に通じず、波動の低い地獄霊や動物霊と同調します。これでは苦しみがさらに増大することになります。

またエゴ、足ることを知らぬ欲ボケの祈りは波動が低くて、マイナスの祈りに変化して不幸を招きます。知らず知らずにマイナスの祈りをしている人が多いように思われます。

祈りとは別に「想いは現象化する」心の法則があります。良いことを強くイメージすれば良いことが現れ、悪いことを思うと不幸がおこります。これを祈りという形で信者に応用している宗教があります。宗教や神仏に関係なく強く思ったことは実現いたします。

前述のように低い波動の心で祈ると危険です。祈る前に心を正して、波動を上げてから祈らねばなりません。

古来の日本神道では神に祈る前に必ず「祓《はら》いの詞《ことば》」を唱え、心身の罪穢《つみけがれ》、咎過《とがあやまち》を祓い、心を清浄にしてから祈ります。

〈祓《はら》いの詞《ことば》〉（一番短いもの）

かけまくも、かしこき祓戸大神等《はらいどのおおがみたち》、もろもろの枉事《まがごと》、罪穢《つみけがれ》を祓《はら》い給い、清め給えと、かしこみ、かしこみ、曰す。

このように心の波動を正しくしてから、本題のお願いをすれば神に正しく伝わります。また新興宗教の神は教祖（人間）が勝手に創作して、実在しないことがあります。また実在の神でも名前だけ無許可で借用して神と関係ないこともあるようです。熱心な信者が騙《だま》されて、毎日神の名を叫び祈っても、エゴや欲ボケの祈りは地獄霊の餌食《えじき》となり、被害を受けることになります。

安全で正しい祈りは、あなたの守護霊を通して、守護霊と共に心を清浄にして、氏神様か一の宮の神（諸天善神が多い）に祈ることです。

第8章　ミレニアムと新創世紀

1. ミレニアム（千年紀）

一九九九年から二〇〇〇年へ人類は一つのミレニアム（千年紀）を終えて次のミレニアムに入りました。

個人の生活単位は一ヶ年で計算され、国の歴史は一世紀（百年）で、人類の歴史はミレニアム（千年紀）で、地球は一万年単位で、宇宙は一億年の周期でとらえられています。人類は今千年紀の大台変わりに直面しております。

一九九〇年頃から地球の親星である太陽から発する宇宙エネルギーの波動が上昇しております。これを受けて地球の波動は荒い波動から精妙な波動に変化向上しつつあります。

自然界のすべてのものは地球の波動に同調しております。地球の波動が向上すると、それに合わせて自己の波動を上昇させねばなりません。変化に対応しない生命は淘汰、消滅させられます。

話は変わりますが、地球は約三千年昔から、サタンの総師「ルシファー」が地上界の一部と幽界、地獄界を支配しておりました。そして天上界の神と常に聖戦を続けておりました。二〇世紀になって地球の波動が上昇したために「ルシファー」とその部下達は地球から退去して故郷のオリオン星座へ帰りました。それまでサタンの支配下にあった、ソ連邦とハンガリー、チェコ、ポーランド、ブルガリア、ルーマニア、東ドイツの諸国は、悪の元凶がいなくなったので戦争なく民主国家に変化しました。

天上界では、この作業と並行して、天上界より菩薩をリーダーとして諸天善人の「光の天使」を多数地上に派遣されました。光の天使は地上の人間に「心を正して波動を高くする」こと、「洗心《せんしん》（心を洗い清める）」して心の波動を上昇させることを教えました。

話を戻しますが、地球の波動の変化で地球のエネルギーに歪《ひずみ》が発生して、地震、洪水、気候異変などが各地に起こっておりますが、地球新生の産みの苦しみで、二〇〇〇年をピークにして段々とおさまるでしょう。

二〇世紀は権力と知識と金と物の左脳主体の時代でしたが、二十一世紀は右脳の精神時代に移ります。

地球は魚座から水瓶座《みずがめ》に移行して水の時代に入ります。水は汚れ、穢《けが》れを浄化し、すべてのものを溶かし込む融合力と包容力があり、丸い器、四角の器、どんな形にも調和します。また液体（水）、気体（水蒸気）、固体（氷）と条件によって自由に変化します。そして水は、すべての生命を発生させ生かす命の原点です。

地球が二〇〇〇年に波動を上昇させるには、理由《わけ》があります。地球は過去何回も一億年前後の周期で大変化しております。従来は、氷河期やヒマラヤ造山など地球自体の変化でしたが、今回は人類が関係しているようです。

人間は長年月にわたり、エゴ、我欲、闘争、戦争、怒り、怨《うら》み、憎《にく》しみ、不平不満など精神《こころ》からでる悪想念スモッグをまき散らしてきました。想念《そうねん》はエネルギーですので消滅することなく地球表面の四次元世界に堆積して、神の光を遮断しております。神の光の届かない場所に、ゴキブリが発生するように、人間界にはインチキ宗教、悪人、凶悪犯罪が増加し、霊界は邪霊、浮浪霊、地獄霊が横行しております。

地球は過去一万年に一度、地球の波動を上昇して、地球の三次元と四次元世界の大掃除をしております。

もう一つの問題は地球人口の異常増加です。宇宙船地球号の定員は約四十五億人です。現在の六十億人は超定員オーバーです。定員外の人間を養うため熱帯雨林の過半数が破壊され、砂漠化や気候異変が進行して、地球上の全生命が危機に瀕しております。

地球自然界では一種の生命体が異常に増加すると地球意識（神の摂理）によって淘汰され、常に生命体の数は調整されております。人間も例外ではありません。

全人口の二十五％位が調整、消滅されねばなりません。

「黙示録」や「ノストラダムス」の予言などで、「人類大量淘汰」がいつ、どんな方法で実行されるのか人類は不安にかられてきましたが、現在想像されるのは、自然（神）は数百年の年月をかけて、「エイズ」などの新型のウイルスを発生させ、また「ダイオキシン」などの環境ホルモンで人間の生体内のバランスを崩して、人口の調整をするのではないかと思われます。人間の目から数百年は長いようですが、地球の歴史では一瞬にすぎません。

六十億人の人類は、残る人四十五億人と消え去る人十五億人に分別されることになりますが、神は無作為に選別しないと思います。二十世紀に「光の天使」が注意したように、精神《こころ》と魂の波動によって選別されると思います。波動の高い人は残され、低い人は淘汰消滅するでしょう。

新創世紀の建設には波動の高い人間が必要で、波動の低い人間は要らないからです。従来は肉体が死んでも魂は生き残り、また地上へ生まれ変わることが出来ましたが、今回は「魂」本体も消滅してクオークに戻り、宇宙空間に放出され永久に消滅するかも知れません。

2. 新創世紀

聖書「黙示録」の予言

人類は最後の神の審判を受けた後、神が統治する千年王国が始まる。

釈迦の予言

三千年後、東方に弥勒菩薩《みろくぼさつ》が現れて、地球は平和な連邦国家となる。

数百年の年月を経て地球の悪想念スモッグの大掃除と過剰人類の選別淘汰を終了した新生地球は、残された優秀な新生人類によって、新創世紀の地球国家が建設されるでしょう。新生人類は、各自の使命を自覚し、山川草木、動物などすべて神の意識の現れで神によって生かされ生きていることをよく知り、大自然の法則を正しく守って生活する人々です。銀河宇宙には地球と同じように生命体の住める惑星が三〇個以上あるそうです。それぞれの惑星に異星人が住んでおり、地球より一万年以上、文明と文化が進んでいると言われています。

異星人の姿、形は地球の白人と同じですが、魂のレベルが高く、地球の諸天善神《しょてんぜんじん》（神）に近いレベルと思われます。そして宇宙連合を作り、相互に協力し調和しております。

今の「千年紀」の終わりまでに、地球人は異星人の指導と協力によって、新生地球国家が建設されるようです。

新しい国家は「神」と「自然」と「人間」と「政治・経済」が調和し、多民族が一体化した世界連邦国家が作られます。

世界連邦のリーダーは「象徴」として存在し、直接政治には関与しません。宗教家、政治家でなく、武力、金力を持たず、あらゆる国の歴史を超えた、最も古く、尊い家系を持った人のようです。選挙でなく、神によって指名、選定されるようです。

新しい国家の形態は次のように推測されます。

・政治は民主・共和制に近く、合議制で決定。
・国境や軍隊は無い。
・財産の個人所有はなくなるが共産主義ではない。税制もない。
・エネルギー、動力は宇宙エネルギーに替わり、石油、ガス、電力など熱エネルギーは使用しない。
・各地、各部所にそれぞれのリーダーはいるが、権力で強制指導しない。
・交通は宇宙空間を含めてＵＦＯが使用される。重力をコントロールする技術が開発されている。
・貨幣はなく、物資の配給は一部にカードが使われる。
・警察は緊急援助作業を主とする。
・裁判所、刑務所に似たものは一部存在する。

・言葉は順次テレパシーに替わり、思ったことはすぐ相手に通じ合う。「嘘」「ゴマカシ」は無くなる。
・すべての人は「愛」「共生」「責任感」「義務感」で行動する。
・野菜、果実は栽培するが、主食の穀物、砂糖、食用油、蛋白質、アミノ酸、ビタミン類は天然と同質のものを工場で合成する。
・労働はすべてロボットが行う。
・波動転換器で物質を原子、分子に戻して、別の物質に変化させる。
・完全リサイクルで廃棄物は全く無い。
・原則、肉食せず、自然界の動物生命を殺傷しない。
・老衰、老人化はない。死ぬまで青年期の姿で、平均寿命は百二十歳となる。
・病気は、事故による怪我以外ほとんど無い。
・神と一体調和しているが宗教はない。神社、教会もない。

以上が紀元二〇〇〇年紀後半に建設される新生地球国家の概要です。信じなくてもよろしいが一つの情報として受け取って下さい。

《紀元二〇〇〇年紀の宇宙文化》

「宇宙の愛」究極の愛、調和しつつ進化向上する。

「自然界の愛」共生の精神《こころ》ですべてのものが相互に生かし合う。

「人間の愛」明朗、親切、感謝、謙虚、素直、許す、認める。

あとがき

この本を読まれて、著者の意図が幸運創造のみでなく、読者の心の波動を高くすることをお知らせするのが真の目的であることが、おわかり頂けたと思います。

これが、私が現世に生まれてきた使命と目的だと自覚しております。

日本は、かつては経済大国でしたが現在は借金大国となり、政治は自主独立の精神を失い、国民の生命、財産の防衛すら他国に依存して平気でいる国家となりました。

日本人の心の波動は、世界各国の民族より平均的に低いように思われます。

文部省の発表によると、日本の子供達の社会ルール、道徳観、正義感について、韓、米、英、独の四カ国の子供に比べて、日本のしつけ教育は最悪であるといっています。これは家庭だけでなく、一部のマスコミと日教組が学校の道徳教育について終始反対姿勢にあることが原因のようです。

子供の精神資質の低下は心の波動に連動して、日本国の未来は憂うべき状態になるかも知れません。

地球は一万年に一度の四次元世界の悪想念スモッグの大掃除をするとともに、過剰人口の調整により多数の人類が地球意識（神）によって淘汰消滅されると思われます。その選別は各人の心の波動の高低によって決定されるようです。大淘汰があなたの世代で実施されるか、百年単位の長い周期で子供、孫の二世代、三世代にわたって行われるかわかりませんが、いずれにしても心の波動を高くすることが緊急の課題です。

この本を、あなたの次の世代にもお伝え下さいますようお願いします。

著者プロフィール

中川昌蔵（なかがわしょうぞう）

1914年、大阪市に生まれる。

旧制中学卒業後、20歳で単身中国に渡り、天津と北京で電気機器の販売会社を設立するが、敗戦で全財産を没収される。

1946年から大阪・日本橋で家電量販店を経営。

1979年の大証2部上場を機に代表取締役を辞す。

以来精神世界、霊性世界に没入、講演活動を行う。


不運より脱出する運命の法則 あなたは必ず幸せになれる

2000年6月1日　初版第1刷発行
2025年3月30日　初版第16発行

著　者　中川昌蔵
発行者　瓜谷綱延
発行所　株式会社文芸社
〒160-0022　東京都新宿区新宿1－10－1
電話　03-5369-3060（代表）
03-5369-2299（販売）

印刷所　株式会社フクイン

ISBN4-8355-0480-1